U0275088

可是，你还有你的人生呀

[日] 藤野智哉 —————著　丁楠 —————译

「誰かのため」に生きすぎない

清華大学出版社
北　京

北京市版权局著作权合同登记号　　图字：01-2024-2040

「誰かのため」に生きすぎない

"DAREKA NO TAME" NI IKISUGINAI

Copyright © 2023 by Fujino Tomoya

Original Japanese edition published by Discover 21, Inc., Tokyo, Japan

Simplified Chinese edition published by arrangement with Discover 21, Inc.

Arranged through Inbooker Cultural Development (Beijing) Co., Ltd.

图书在版编目（CIP）数据

可是，你还有你的人生呀 /（日）藤野智哉著；丁楠译. —北京：清华大
学出版社，2024.5

ISBN 978-7-302-66269-3

Ⅰ．①可… Ⅱ．①藤… ②丁… Ⅲ．①人生哲学–通俗读物 Ⅳ．①
B821-49

中国国家版本馆 CIP 数据核字(2024)第 096502 号

责任编辑：左玉冰
封面设计：方加青
版式设计：张　姿
责任校对：王荣静
责任印制：杨　艳

出版发行：清华大学出版社
　　　　　网　　址：https://www.tup.com.cn，https://www.wqxuetang.com
　　　　　地　　址：北京清华大学学研大厦 A 座　　**邮　编：**100084
　　　　　社 总 机：010-83470000　　　　　　　　**邮　购：**010-62786544
　　　　　投稿与读者服务：010-62776969，c-service@tup.tsinghua.edu.cn
　　　　　质 量 反 馈：010-62772015，zhiliang@tup.tsinghua.edu.cn
印 装 者：大厂回族自治县彩虹印刷有限公司
经　　销：全国新华书店
开　　本：130mm×185mm　　**印　张：**7.375　　**字　数：**91 千字
版　　次：2024 年 7 月第 1 版　　**印　次：**2024 年 7 月第 1 次印刷
定　　价：59.00 元

产品编号：103885-01

前言

作为一名精神科医生，我在和许多人的接触中常常有这样的体会：那些总是尽心尽力"为别人"付出的人，那些总是关心别人"好不好""累不累"的人，对自己的苦和累却往往是看不见的。

当然了，做事尽心尽力并不是什么坏事，但我们是否也能像关心别人那样，留意到自己的苦和累呢？

比如那些整天为了孩子，为了家庭忙里忙外，习惯性地把自己排在最后，并因此忽视了自己的身体和内心发出的求救信号的人。

比如那些在公司里为了下属，为了同事，为了团队奉献出全部，却也因此把自己的生活搞得一团糟，每到休息日都累得爬不起来的人。

还有那些身边有孩子、老人、病人需要照看，不得已把生活重心放在了别人身上，付出了同样宝贵的自己的生活和人生的人。

如果实在觉得太累，就把对自己的要求降低一点吧。

你是可以依靠别人、向别人求助的，也是可以更多地把自己放在第一位的。

你不需要什么事都一个人扛。

不一定是"为了某个人"，也可能是"为了公司""为了工作"。因为生活所迫，或是由于处境不安稳，所以不得不加倍努力。

不可否认，有工作才有饭吃，才能买喜欢的东西，从这个角度讲，公司和工作的确重要，也不可能不去重视，但是不论何时，我们最需要在乎的，是自己。

如果因为过度付出把自己累倒了、累垮了，对我们自己来说无疑是得不偿失的。

意识到"对自己来说得不偿失"，我们是否都能像这样明确地看到自己的价值呢？

因为过度迎合别人制定的价值观和规则，很多人都活在痛苦之中。

"社会人就应该和周围打成一片。"

"为人母就应该为了孩子牺牲自己。"

"不能一直闲散着，得成为正式员工才行。"

当我们用"别人"口中的"应该怎样"和"幸福标准"要求自己时，是否在不经意间忽视了自己的感受呢？

由于从小凡事都要听父母的、听老师的，我们只知道"该做什么"和"不做什么就得不到幸福"。结果，我们缺少主见，被周围和大多数人口中的"每个人都必须怎样"束缚着，而对"自己想做什么""怎么能让自己舒心""什么是属于自己的幸福"却一无所知。

当今时代社交媒体的盛行让我们有了更多的机会看到别人的活跃和成功，这就导致我们总会不自地觉地去和别人比较，让"做自己就好"的意愿轻易产生动摇。在这样的大环境下，一旦落入别人的价值观和规则，去追求所谓正确的人生，便会更加无法看清"自己的价值观"，"自己想做的事"，以及"自己的幸福"。

可是，我们来到这个世界并非为了回应"别人"的期待。

我们并不需要放弃"自己"去迎合"别人"的价值观和规则。

为此，就像我在后面的章节里谈到的，最重要的就是了解到"什么是属于自己的幸福"，以及"做什么能让自己舒心"。学会了解自己、在乎自己，这便是能让我们卸下压力、轻松面对生活的诀窍。

我们可以做自己想做的事。

我们可以去喜欢那些能让我们真心感到幸福的事。

我们可以活得更像自己。

我们需要活出自己的人生，而不是活成别人期

望的样子。

如果我这样说，想必很多人都做不到一下子从"为了别人"的惯性中跳脱出来吧。

所以，我们要试着一点点减少那些"为别人"而做的事。

同时，慢慢增加"为自己"而活的时间。

稍微给那个和别人绑在一起的自己松绑。希望你也能尝试这样去做。

说到我自己，我正在做着自己想做的事。

我一边做着精神科医生的工作，一边写一些东西，同时也要照顾好自己的生活。

为此，工作上能省力的地方我绝不费力，能依靠别人就依靠别人，遇到困难就开口求助。

对待家务也一样，因为觉得"打扫"比"脏着"更让人崩溃，我从来不打扫。因为懒得洗碗，就直接买了洗碗机。

我自己觉得这样挺好。

我这个样子，可能跟我自幼患心脏病有很大关系。

小时候因为患川崎病的缘故，我的心脏上长了肿块，医生也不确定我能否活到成年。

我不能跑，不能剧烈运动，有很多东西不得不放弃。即便是现在，我也必须坚持服药，在很多方面都会受限。

"自己的生命恐怕比别人短暂"，大概是对此有深刻体会吧，我希望能在有限的时间里尽可能去做自己喜欢的事。

我也希望能为自己在乎的人做点什么，但如果感到痛苦，我还是会把自己放在第一位。

至于那些无所谓的人、相处不来的人、讨厌的人，我不会让自己的生活受他们摆布，也没有时间浪费在他们身上。

我会不时在推特（Twitter）和 Voicy（日本音频类软件，类似喜马拉雅 App）等社交媒体上发表一些自己的日常感悟。

有很多人因为活得太辛苦、太痛苦，患上了心理疾病。

我希望更多的人能在患病之前通过社交媒体和读书找回放松的感觉，让自己好起来，这便是我发表文章和写书的初衷。

本书写给那些在工作和家庭中常常无意识地过度消耗自己的人，以及在人际交往中过度迎合他人的价值观和规则，常常受到他人摆布的人。

如果你感觉过往的人生大多是"为别人"而活，在读过这本书以后希望你能暂停脚步，花一点时间犒劳自己，关心自己，在乎自己。

每当你想对自己说"再努力一点"的时候，请你认真想一想"自己是否已经太过努力了"。

藤野智哉

2023 年 4 月

目录

CONTENTS

第 **1** 章

首先做到"让自己休息"

第 2 章

更多关注"自己的感受"

第3章

倾听"身体的声音"

第 **4** 章

建立舒适人际关系的要点

第 **5** 章

人生是一场和幸福的偶遇

第 **1** 章

首先做到
"让自己休息"

1.1

"今天刷牙了，我真厉害！"
多像这样夸夸自己

在这本书里，我想和大家聊一聊如何能"少为别人活一点，多为自己活一点"这个话题。不过在那之前，我想问大家一个问题："你现在觉得累吗？是否有精力去接触新事物？"

当我们疲惫不堪时，似乎连读书都变成了一种消耗，做任何事情都显得力不从心。

所以当我们疲惫不堪时，不妨将"努力"的定义改写为"今天早晨我也从床上爬起来了，真了不起"。

"今天又是碌碌无为的一天……"也许你经常这样责备自己，其实没这回事。你不但一早起床了，还洗了脸，换了衣服，吃了早饭，坐地铁去了公司。你甚至做到了对讨厌的人笑脸相迎，做到了在电脑前拼命打字。做了这么多，你已经相当厉害了。

你不需要勉强自己去接触新事物，也不需要为了改变自己而读书。

哪怕是这本书，只要你觉得累了、倦了，也可以马上合上它去睡觉。

我常想，我们每天要面对那么多糟心事，到头来还会被说"这些都是应该的"。我不这样想。我们做到了，并非因为我们应该做到，而是因为我们非常厉害。

特别是疲惫不堪的时候，希望我们都能把"成功的标准"降低一点，把对自己的好增加一点。

"今天刷牙了，算是完成了一件大事！"

"对便利店里的人说了谢谢，我真是天才！"

"顺利把孩子送到学校了，太了不起了！"

或者，我们也可以选择在某些事情上放过自己。

"身体这么沉重都没有陷到地里去，已经很不错了！"

"成功"也好，"天才"也好，"厉害"也好，"了不起"也好，这些标准就由我们自己来定义吧。

另外，我们也需要更多地看到自己的"努力"，认可自己"已经做到的部分"。

·能够早起去上班的自己。

·赶在期限前把资料整理好的自己。

·下班后虽然很累，还是洗过澡再睡觉的自己。

这不是做得很好嘛，已经相当好了。你已经非常努力了，没有一天不在努力。所以，多夸夸自己，多认可自己吧。

你不需要强迫自己更努力，也不需要勉强自己去接触新事物，不要紧的。

重点 • 不需要勉强自己去接触新事物。

1.2

累了就要好好休息

谁都有身心疲惫的时候。

"上班太痛苦了。"

"没心情做家务。"

"什么都懒得做。"

"早上起不来床。"

每当这种时候，最需要的就是"好好休息"。

一个人在太忙、太累的时候是很难感受到"幸福"的。好吃的东西、美丽的风景、称心的衣服、令人心动的商品，能否从这些事物中"感受到美好"，还要取决于我们自身的状态。疲惫不堪的时候，就算有好吃的东西可能也不觉得好吃，有好看的电影可能也没心思去看。

所以，累了的时候，"好好休息"就是头等大事。

　　可能有人会说，如果没拿到医院的诊断就请假不去上班，或是连自己都说不清楚为什么没力气就放着家务不管，心里会过意不去的。但是换个角度想想，如果强迫自己带着疲劳去工作、做家务，是不是早晚会出岔子呢？

　　请你告诉自己，累了就要去休息，这就是最好的选择。

　　除"疲劳"外，很多人来找我看病的另一个原因，是觉得自己"抑郁了"。

　　我们虽然常使用"抑郁"这个词，但在医学上，"抑郁症"和"抑郁状态"是要分开看的。"抑郁症"是一种可以被诊断的精神疾病，但**"抑郁状态"并不是病，而是一种精神萎靡、倦怠的"状态"，任何人都可能在短期内陷入这种状态**。比如因失恋或宠物去世受了打击，就会在"抑郁状态"里待上一阵子，大概会有三天睡不好觉，没食欲，提不起精神。从某种意义上讲，这也是很正常的，毕竟我们是人。而且大多数处在"抑郁状态"的人，都够不上"抑郁症"的诊断标准。

处在"抑郁状态"并不意味着会发展成"抑郁症"。而对于一个处在"抑郁状态"的人来说，最重要的就是"好好休息"。因为太伤心了，精疲力竭了，所以需要休息，这是再正当不过的事。

好好吃饭，好好睡觉，身心便会得到休整。

如此一来，我们的身心自然会回到能够感受幸福的状态。**经历这个过程是很有必要的，它让我们变得能够接受那些导致我们身心疲惫的事。**如果你累了、倦了，记得"先让自己好好休息"。

重点 • 学会"累了就要好好休息"。

1.3

看不进去电视也读不了书，
请不要放过这些疲劳的信号

我在上一篇里说"累了就要好好休息"，但不知大家发现了没有，**很多时候我们已经很累了，却会因为焦虑不安而不允许自己休息。**

比如，当我们累了想要放下工作时，大脑里闪过的可能是这样的念头："现在休息的话，会给别人添麻烦的。""没有我在，公司里会乱套的，所以我还不能倒下。""我累，但别人也累，还是加把劲儿吧。"于是，我们这样告诉自己："累归累，工作还得继续努力。"

很多一边带娃一边工作的母亲也有类似的困境："如果因为这点事就休息，不但会麻烦到别人，别人还会觉得我是仗着有孩子，堂而皇之地偷懒。"因为太害怕了，所以不敢休息。

于是，"累了所以要休息"这句话在很多人那里变成了"累了所以更要努力"。

可是，尽管能做到不眠不休，能顶着疲劳继续努力，但就结果而言，我们的工作也因此常常漏洞百出。从这个角度讲，我们真正需要做的，是抓住那些自己已经努力过度、疲惫不堪的信号。

这类信号在生活中随处可见，比如失眠、食欲不振、头晕——这些是躯体上的，还有易发怒、易落泪——这些是情绪上的，此外还包括在工作中频繁失误、看不进去电视，等等。

也有很多人会表现为放弃做饭。原本会计划好未来几天要吃什么，然后买食材回来，同时做好几道菜，非常厉害。然而一旦精力耗尽，即使平时对做饭再有热情，也会变得懒得开火。

如果你觉得自己有些反常，一定要想想"最近是不是太忙，太累了"。

而当我们意识到自己的疲劳后，能为自己做的说到底还是"好好休息"。

不要忽视那些来自身体和行为的疲劳信号，哪怕只是看不进去电视、没有精力看书。

重点 ● 请注意到那些反常的行为。

1.4

偶尔也问问自己"累不累?
会不会太勉强了?"

"希望你能更努力"，不知道大家在听到这句话的时候是什么感受。如果感觉有压力，说明眼下你最需要的并不是努力。

当然了，这种感受可能也和对方的措辞以及当时的氛围有关，所以我们只当它是一个大致的判断标准。不过，如果任何鼓励的话，甚至是单纯的交谈都会让你产生被针对的感觉，那么即使工作再忙，也需要让自己休息一下了。

事情就是这样，经常为别人着想，总提醒别人"累不累？有没有勉强自己？"的人，对自己的疲劳和倦怠却往往看不见。希望你也能像关心别人那样，发现自己的需求，让你自己成为最在乎你的那个人。这样一来，如果下次事情没有达到预期，你又要因为"没有做到最好"而感到自责时，便可以这样告诉自己"你已经很努力了，敢于尝试已经很了不起了"。

也请你偶尔和自己站在一起，问问自己"累不累？会不会太勉强了？"。

"虽然不情愿，但还是对别人笑脸相迎。"

"虽然嘴上说不要紧，其实已经快要撑不住了……"

只要能像这样察觉到自己的疲劳和隐忍，就是很大的收获。

不情愿就是不情愿，受不了就是受不了，只要能意识到自己的真实感受就是胜利。尽管有人会说，"哪怕不情愿也要做到像没事人一样，这才叫成年人"，但那不是真的。不要因为别人信口说出来的话就强迫自己接受你不喜欢的感受。

当然了，情愿与否并不一定要在态度上表现出来。比如被客户说了糟心的话，这时如果把不爽直接挂在脸上，是有可能把工作谈崩的。不过，如果下班以后仍然要求自己把这些情绪生咽下去，就有些强人所难了。何况，情绪不是只要忍着就能凭空消失的。不但不会消失，还会越积越多，甚至在某个时刻咔吧一声把自己压垮。

所以，希望你能经常问问自己："现在累吗？是不是又在硬撑了？"**你的真实感受至少你自己是在乎的，希望你能以这样的姿态去面对生活。**

重点 **请你像关心他人那样关心自己。**

1.5

我不是在偷懒，
而是在积攒能量

人在心情不好的时候往往需要更多的休息，有人因此得出了"心情不好就要多休息"的结论，其实正相反。**多数情况下，正是因为"该休息的时候没有休息"，人才会心情不好。**

尽管如此，我们却总要为自己找出一堆"不能休息的理由"："会给别人添麻烦"，"只有自己休息是不对的"，"又没有生病"，等等。在我看来，越是有这种倾向的人，**越需要为自己找出更多"应该休息"的理由。**然而在这个问题上，很多人除了"身体不适"和"需要办事"以外，就再也想不出什么"好借口"了。既然如此，先让我来说几个思路，供大家参考吧。

·顶着疲劳工作，效率高不了。

·为了明天能拿出最佳状态，今天就休息吧。

·哪怕为了子女着想，也不能太拼把自己累垮。

·现在停下来，并不会耽误整体的工作进度。

·大部分事情都没那么要紧，还是自己的身体最要紧。

大家也可以想一想，有哪些"应该休息的理由"是自己能够接受的。如果觉得累了，就把这些理由说给自己听。希望我们都能说服自己，让身心及时得到休整。

其实，好好休息并不需要一个具体的理由，我们完全可以只用一句"放松咒语"就给自己松绑，比如：

·**想休息了，就该休息。**

·**我不是在偷懒，而是在积攒能量。**

关键是不要把休息这件事看得那么重，而是要轻轻松松、痛痛快快地让自己去休息。多掌握几句

"放松咒语"，关键时候用得上的。

　　如果觉得累了就念出"放松咒语"，然后伸个懒腰去休息吧。

重点 • 给自己编几句"放松咒语"。

1.6

每天想着"明天再努力"，就这样过
完了一辈子，不也是很好的
一生吗?

我想，比起一个"不知疲倦，不断努力的人"，我们都更愿意成为那种"懂得休息，从而让自己可以不断努力的人"。那么，怎样才能成为这种人呢？我的建议是：**当你打算一门心思做好一件事的时候，不妨试着"在另一件事上偷懒"。**

我们每个人的精力都是有限的，这就需要我们在精力的分配上做好规划。比如，"如果打算通过健身减重，那就在收拾房间这件事上放过自己"。这就好比在购置新物品时，尝试对已经不需要的东西做断舍离。对于生活中遇到的种种课题，我们也可以像这样给自己减负。

不可否认，认为人应该活得忙碌而充实，这仍然是一种主流的价值观。虽然在很多人看来"无所事事地度过一天"足以令人惋惜，但是换个角度看，这世上最奢侈的事大概就是拿着宝贵的时间又什么都不做了。偶尔奢侈一次也未尝不可。比起那些因为"受不了无所事事"而去旅行的人，足不出户就能做到"无所事事"简直是最高级的享受。

能留到明天的事就不要在今天做。

虽然也有很多人倾向于"明天的事也要今天完成"，但如果我们明天就会死，那么至少在今天，我们用不着处理那些麻烦事了。现在强迫自己把本可以不做的事也都做了，等到明天要死的时候一定会后悔的。

"明天再努力"也没什么不好。

每天想着"明天再努力"，就这样过完了一辈子，不也是很好的一生吗？

平时工作中放宽心态，遇到紧要关头再全力以赴。结果，你没有遇到紧要关头，不曾全力以赴就过完了一生，这未尝不是一件幸运的事。虽然总有人叫你"尽最大努力"，但如果不使出全力也能把事情做好，那不就是再好不过的事吗？

当今是节能的时代，用节能的心态去面对人生也未尝不可。当各个领域都在强调"节能"的时候，唯独要求人生全速运转，总感觉有些强人所难。

不轻易付出全力，也是为了让自己"心有余力"。心有余力，遇事才不慌。如果平时就全速运转，万一遇到突发情况，就无力应对了。

心有余力才能客观地看待自己，并为一切可能发生的事态做好充分的心理准备。节能的意义便在于此。

重点　能留到明天的事就不要在今天做。

1.7

你的双腿可以用来"逃跑"，
逃跑也可以是"积极的"

听到我说"累了就要好好休息"，有的人这样和我说："一旦休息了就会觉得自己是在偷懒，会觉得愧疚。"

想休息就休息吧，想要放慢脚步也可以。

你需要把能量节省下来，以备不时之需。

史努比不是也说吗，I need plenty of rest in case tomorrow is a great day...（我得好好休息才行，万一明天对我来说很重要呢……）

好好休息是一种积极的人生态度。不过，有时候活得消极一点也无妨。

"人一定要活得积极向上"，在很多人看来，这句话是不容置疑的。其实，当你不确定是否该向前走的时候，停下来，绕道去别处看看也没什么不好。本来嘛，谁又能保证积极的态度就一定会带来积极的结果呢？

比如，同事这样劝你："被上司骂两句没什么大不了，心态积极点，努力工作就行了。"这时候，你会不会在心里打个问号：这种做法真的积极吗？不断忍受上司的语言暴力，这对同事和上司来说也许是积极的，但对自己来说却可能只是"消极的"和"自虐的"。

什么是积极的，需要由我们自己去定义。

"积极"可以是前进的方向，也可以是一个供我们逃避的出口。

同样的道理，"逃避"就一定是消极的吗？"远离攻击我们的人""不去看那些让你不愉快的留言""避开黑心企业""远离相亲压力""远离'有毒'的父母"……这些做法真的消极吗？

虽然有人说"你的两条腿是为了前进而存在的"，但我会认为，用它们来逃跑也完全没问题。

因为有些时候，逃跑也可能是积极的。

不用勉强自己前进，如果不喜欢一个地方，离开就好。遭遇不公时，如果一定要笑着忍受才叫随和，那么这种随和不要也罢。

为了有朝一日把能量用在自己真正在乎的事情上，想休息的时候就休息吧。也不要再为了那些讨厌的人委屈自己了。

重点　什么是积极的，需要由我们自己去定义。

1.8

学会卸掉压力和自我调节，
远比塑造强大的内心重要

怎样才能使内心变强大呢？如果你问我，我会说：**我更愿意带着一颗柔弱的心活下去。学会卸掉压力和自我调节，这些远比塑造强大的内心重要。**

肌肉可以通过承受更大的负荷得到锻炼，内心却不行，持续承受负荷只会让内心变得脆弱和不堪一击。

最近常有人提到"复原力"这个词，意思是"受力弯曲后恢复原状的能力"。用"树木"来比喻的话，"挺拔粗壮的树"当然是"强大的树"，而在我看来，"有韧性的树"同样是一棵强大的树。由于每次遭受狂风时都能柔软地弯下腰，这样的树很少折断。渐渐地，树上长出了枝丫，就算风打在上面也会被枝丫灵活地挡开。这种**"将压力卸掉的能力"**，同样是一种强大。

或者，我们也可以看一看寺院里的树木。为了保护树木，人们会在树木周围安装支撑杆，以分散它的重量。我想说的是，既然有办法帮助它，何苦让它孤零零地硬挺着呢？

人也是一样，能主动向他人求助，让其他人分担一点自己的压力，这同样是一种强大。

能让人变强大的方法有很多种。我们不必在"自我磨炼"的道路上走到黑，学习如何应对压力、如何依靠周围的人、如何主动向他人求助，这些同样非常重要。

同时，我们也要小心那些喜欢把"磨炼意志"挂在嘴上的人，比如那些一边说"骂你是为了你好"，一边搞权力霸凌的上司。

当然了，如果对方的话有参考价值，听一听也无妨，但每当有人询问我的意见，我都会说："不要原原本本地接受对方的攻击，要把压力卸掉。"

何况，就算当事人有心"变强大"，也不一定要接受搞权力霸凌的上司的磨炼。

哪怕有人说"你必须跨过这一关"，你也要在心里想一想，真的有必要过这一关吗？你甚至还要想，为什么自己一定要接受别人的考验不可呢？

这类考验，能绕开不是更好吗？

"我已经很满足了，不需要这种考验。"你是可以摆出这种姿态的。

只看重人生中真正需要的东西。我想，像这样灵活地去取舍，才是塑造"强大内心"最好的方法。

重点 • 学会卸掉压力和依靠别人。

1.9

**哪怕一事无成，只是活着，
我也觉得自己挺好**

有很多人和我倾诉："我这个人这也不行，那也不行，连这么简单的事都不会做。"

"我现在已经不能自己刷牙了。"

"看不懂社交软件，连回个信息都不会。"

"没心情化妆。"

"澡也不洗，睡了一整天。"

"什么都不会，不想待在这个世界上了。"

他们每个人都觉得自己很无能，但其实没这回事。人只要活着，就是在不断成就着什么。

虽然不会刷牙了，但早晨起来看了手机。

虽然没化妆，但打开冰箱喝了牛奶。

虽然嘴上说"不想待在这个世界上了"，但仍然顽强地活着。一边和痛苦做斗争，一边顽强地活着。

这就已经非常了不起了。哪怕什么也没有做，就这样躺了一整天。

希望大家能够明白，哪怕一事无成，只是活着，也是一件非常美好的事。

那种感觉，大概就是无条件地爱上了这个一事无成、没有任何资本可以拿来炫耀又不中用的自己吧。

如果你总是不自觉地付出太多，或是经常被别人左右了生活，那么你真的很需要抓住这种感觉。

这种感觉就是"自爱"。一种能够爱自己、心疼自己、原谅自己、认可自己，类似于"自我接纳"的感觉。

可是，当我说"要重视自爱这件事，要学会爱自己"时，很多人的反应都是"我这么没用，爱不起来啊""自己身上能看上眼的地方，一个也没有啊"。

没关系，没有优点也不要紧。自爱是不需要前提的，不需要我们"能做到什么"，也不需要我们"比谁更优秀"。

我们要去爱的，就是眼前这个最真实的自己。

像父母爱他们刚出生还不知事的孩子那样，毫无保留地接纳自己。

请你把这种自爱的感觉留住。

因为"能做到这个、能做到那个"而不断加深的自我肯定感是不堪一击的。

"虽然这个也不行，那个也不行，但我就是觉得自己挺好。"希望我们都能成为这样的人。

重点 • 爱最真实的自己。

1.10

放松精神，放宽标准，
打破"对生活一丝不苟的自己"

如果任由疲劳加重，稍微遇到一点小事就会心烦气躁，也会不自觉地用否定的态度去看问题，对在乎的事情也不再上心，这绝不是一件好事。所以，我常说的一句话就是"尽量不要让自己过度疲劳"。

但从另一个角度，我们也可以抓住"疲惫不堪"这个机会，重新审视那个"对待生活一丝不苟的自己"。

"活得一丝不苟"，这听起来并不是一件坏事，但是换个角度，它可能意味着"严重被常识束缚""特别在意他人的眼光""完全走在父母铺设的道路上"，换句话说，"严重"偏离了属于我们自己的幸福。

因此，当你感到疲惫不堪时，要不要试着去打破那个"活得一丝不苟的自己"呢？

· 如果你每天都要洗澡，今天就偷一回懒吧。

· 如果你脸上的妆总是无懈可击，今天就素颜出门吧。

· 洗好的衣服就不用叠了，屋子也不用收拾了，直接睡吧。

· 工作不会做就直接说不会做，找个人帮你吧。

总之，**尝试把一丝不苟的生活抛到脑后吧。**

肯定会有很多人说，"这么做会遭人白眼的""会让人觉得不像样子"。但事实上，这些可能都没什么大不了，是我们自己被"一丝不苟"这种惯性思维束缚住了。都说"出门绝对不能不化妆"，但现实中不就是有很多人出门都不化妆吗？

当你亲自尝试过后，发现"真的没什么大不了"的时候，迄今为止一直压在肩上的重担就会一下子减轻许多。

所以，尝试放下"一丝不苟"的想法吧。只要能认识到，就算把精神放松一点、把标准放宽一点也完全没问题，就是胜利。

比如，很多人认为"年末一定要做大扫除"。但我可以偷偷地告诉你，就算什么都不做，年也是过得去的。所以，还没有做大扫除的人、还在悔恨今年也一事无成的人、被年末氛围搞得身心疲惫的人，不要再被别人规定的"应该怎样"束缚住了，踏踏实实地睡一觉吧。不要紧的，一觉醒来就是新的一年了。

放下"一丝不苟"的观念是不会怎样的，反而会觉得轻松许多。

重点 • 尝试放下"一丝不苟"的想法。

第**2**章

更多关注
"自己的感受"

2.1

怎么努力都不幸福，
也许你并不了解"自己的幸福"

比如，“自己的幸福”其实是和家人一起悠闲地待在家里，可是为了迎合“社会宣扬的幸福”，拼了命地不停工作。“自己的幸福”其实是闲不住地满世界跑，可是为了迎合“父母口中的幸福”，觉得必须得结婚，急忙开始了相亲。

然后，突然有一天我们停下脚步，茫然若失：**“为什么我这么努力，还是不幸福呢？！”**

不知你身边有没有这样的人。

不论怎么努力都不幸福，也许你并不了解什么是“属于自己的幸福”。

要想活成自己，过得幸福，有一个很重要的前提，就是**要非常清楚“对自己来说幸福是什么”。**

一个人如果不了解“自己的幸福”，而是去迎合别人口中的、世间公认的或是社会宣扬的"幸福标准"，就会错过"属于自己的幸福"。

尽管如此，这个"属于自己的幸福"却往往是不被察觉的。由于从小被要求迎合他人，或是对自己缺乏信心，我们总被"自己应该怎样"或是"每个人都必须怎样"的"思维定势"束缚着，这就导致我们不清楚"自己想要什么"，也不知道"怎么能让自己舒心"。

我们总是下意识地去迎合他人和社会的需求，对"自己的幸福"却熟视无睹，甚至觉得那是与自己无关的事，结果就是心里的不幸福感愈发强烈。

这种恶性循环，就让我们在读过这本书以后将它终结吧。

有人说"幸福是年收入超过 600 万日元（约合 30 万元人民币）"，有人说"三天吃一次喜欢的水果就是最棒的享受"，也有人说"每天能给猫咪投喂零食就很开心"。

"幸福的标准"因人而异。**你的标准既不同于父母的标准，也不同于朋友的标准，那是一种只属于你的感受，就好像你的身份证明一样。**

对于自己身上的这种特质，有的人自然而然就能察觉，有的人则需要通过好好地面对自己才能看清。特别是那些已经习惯了迎合他人、内在感受摇摆不定、总是倾向于否定自己的人，发觉自己身上的特质和"幸福标准"可能存在困难。

不过，能帮助我们建立"幸福标准"的方法有很多，只要一点点去了解，慢慢构建，你也一定能找到属于自己的幸福。

重点 • 了解"属于自己的幸福"。

2.2

"强大"并非"战胜所有人",
而是"敢于不去参与无谓的竞争"

因为自己喜欢的模特儿身材很好，于是决定节食瘦身，这样的情况并不少见。

如果只是出于向往，或是把对方当作自己努力的方向，这样做其实没什么，但如果节食的理由是"瘦不下来自己便一无是处"，或是"无法忍受自己现在的样子"，这样做还能算是"自我提升"吗？

虽然初衷是"自我提升"，却有可能在不经意间变成难为自己、折磨自己的"自我消耗"。

因为害怕不瘦下来就不会被爱，于是开始盲目地过度节食。因为担心和周围的人没有共同语言，于是强迫自己跟风买了流行的东西。因为看到家长群里有人发了精致的便当，于是赶紧报了自己根本不喜欢的烹饪课。

如果你原本就喜欢做这些事，以此为契机投入进去也没什么不好，只是很多时候事情并非如此。强迫自己去做并非真心想做的事，时间久了只会觉得空乏。表面上**看似是在"自我提升"，其实是在"自我消耗"。**

我想，**真正的"自我提升"应该是放下不必要的执念和面子工程，去做"最真实的自己"。**当你顺从本心活出自己的时候，你就是最闪耀的。

那么，如何判断自己正在做的是"自我提升"还是"自我消耗"呢？

关键要看，"这件事是不是你真心想做的"。

到底是自己想做的，还是受了别人的影响，误以为是自己想做的。

为了搞清楚这个问题，我们可以从以下两点进行考虑。

· 自己在乎的是什么？

· 做什么能让自己幸福？

自己最在乎、最不能割舍的东西是什么呢？我们一定要清楚这一点。

还有，我们需要知道自己在做什么事的时候能"真切地感到幸福"，而不是觉得"似乎还好"。

如果不能把握住这两点，一个人不论做什么，也不论境遇如何，都是无法被满足的。

即使从社交软件上搜集再多"能提升幸福感"的材料，只要不是自己真正需要的，就很难真心感到幸福。

如今的社交媒体上充斥着太多信息，由于能看到别人的幸福的机会变多了，不必要的竞争也随之增加。

在我看来，"强大"的意义并非"战胜所有人"，而是"敢于不去参与无谓的竞争"。

让我们从无意义的攀比和竞争中走出来，去寻找"自己真正在乎的东西"以及"由此带来的幸福"吧。

前面提到的两个问题，请你一边与自己对话一边思考，最好能把思考的过程写在本子上或日记里。这样不但有助于整理思路，也方便日后需要时查找。万一下次又不自觉地想要和谁攀比了，翻开笔记就能看到什么是"自己在乎的东西"，什么是"属于自己的幸福"。

"洗泡泡浴""带狗狗散步""去公园野餐""和几个朋友一起喝酒""温泉旅行""穿舒适的内衣"……怎样都好，请你找到"自己在乎的东西"和"属于自己的幸福"，并把它们铭记于心。

重要的不是和谁比较，也不一定要效仿谁，而是要清楚地知道"什么才是自己的幸福"。

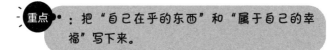

重点：把"自己在乎的东西"和"属于自己的幸福"写下来。

● 自己在乎的是什么?

● 做什么能让自己幸福?

2.3

在能力范围内尽到努力，
活出属于自己的美好人生

我常说，**我们对自己太严格了，很多时候都是在自己折磨自己。**

于是有很多人反驳我："是上司太严格了""是这个世界太严格了""是周围的人太严格了"。

真的是这样吗？举例来说吧，同样是因为一个小失误被上司训斥了，对自己严格的人会想，"因为这种事挨骂，我真没用"，然后一个人陷在情绪里；而对自己不严格的人可能会想，"管得太细了吧，这个人一到傍晚心情就变差"，然后并不放在心上。

再比如，同样是单身久了，对自己严格的人会想，"这个岁数还没结婚，别人会觉得我有问题"，并为此感到焦虑，而对自己不严格的人则会想，"缘分没到能有什么办法呢"，心里一点不介意。

也许你会认为是周围的人和你的处境在给你施压，其实把你逼得最紧的是你自己。

很多时候，对我们期待最高、训斥我们、责备我们、让我们陷在情绪里不能自拔的，都是我们自己。

因此，我们首先要做的就是承认"自己不是超人"。

我们总认为"做不到是因为没有努力，做不好是因为努力得不够"，但事实是，每个人都有自己的上限，因为不愿意承认这一点，才会怪自己"不够努力"。

很多时候，事情并非"因为努力了，所以做到了"。

我这样说，并没有否定努力的意思。

在能力范围内尽到努力，做到最好，仍然是一种可贵的品质。

我们当然可以发挥进取心，要求自己凡事尽心尽力，但如果把目光放在超出自身能力范围的地方，想要取得非现实的成就，就有些不必要了，或者说这已经不是进取心了。

我们在社交软件上能见到许多成功的人、优秀的人、相貌出众的人。我们可以向往，但若执着于把他们当作自己前进的目标，那将是一件痛苦的事。

他们并不在我们的前进方向上，而是在我们无法抵达的某个遥远的地方。我并不是想说"你无论如何都成为不了他们"，并不是想泼冷水。

你的人生道路同样美好，它将通往只有你能抵达的地方。

不要再拿自己和不相干的人做比较，伤害自己，让自己痛苦了。

希望你能在自己的人生道路上活成你本来的样子。

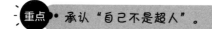

重点 • 承认"自己不是超人"。

2.4

要相信自己能得到幸福，
从此不再说"像我这种人"

嘴上说着"想变得幸福"，内心深处却有另一个声音在质疑，"像我这种人也能得到幸福吗"，然后无意识地做出会远离幸福的选择，这样的人其实有很多。

已经发生的事就让它过去吧，但是为了今后的人生，希望我们都能像这样重新看待自己：

我是有权利得到幸福的。

哪怕没有任何成就，还有很多缺点，这个最真实的我也是有权利得到幸福的。

只要打心底里接受自己是可以得到幸福的就是胜利。

当然这需要一个过程，毕竟我们曾做过远离幸福的选择。

而且我们还要清楚地认识到，"自己仍然有可能下意识地选择不幸的人生"。

有这种倾向的人，大都有一个共同点，那就是喜欢说"像我这种人"。

"像我这种人，不可能去做自己想做的事。"

"像我这种人，不可能找到一个好伴侣。"

"像我这种人，不可能在工作上得到认可。"

"像我这种人"，希望你能马上把这种想法丢掉。

一个人如果不能接纳自己，不能认可自己，是不可能得到幸福的。

"像我这种人"——大多数情况下，这不过是一种惯性思维。并没有什么根据，只因为某种说不出的感觉，就认准了自己是这样。

要想丢掉这种想法，就要"有意识地把注意力放在自己的优点上"。这件事说起来容易，做起来却很难。

我的建议是，"把自己想象成一位好朋友"。

这位好朋友，也就是你自己，如今就站在你眼前。

他此时非常低落。

"像我这种人，不管做什么都做不好……"

有没有什么能安慰他的话呢？

"谁说的，就凭你积极工作的态度，就不是一般人能做到的。"

"你会耐心听那些心情不好的人说话，可见你有多善良。"

"上次你做的那道菜可好吃了，你在这方面真的很有天赋。"

"什么'像我这种人'，像你这么好的人，怎么能说这种话呢。"

你肯定很想对朋友这样说吧。

没错，你就是有很多连自己都意识不到的优点。

多留意自己的优点，不要再习惯性地轻视自己了。

重点 • 把自己当成朋友，看到自己的优点。

2.5

"工作"在你心里排在"第几位"？
工作不是最重要的，你才是

有个一向只会埋头苦干的人和我说："因为工作太累就请了假，结果不上班以后，我感觉自己好像不是自己了。"

"感觉自己不是自己了"，在我看来，这个人是把"自己"和"公司""工作"画上了等号。

这种时候，我们可以尝试思考一个问题：

论重要程度，"工作"在我们心里可以排在"第几位"呢？

一个人可以有很多重要的东西，"健康""家庭""恋人"。"工作"真的比这些更重要吗？

说到"工作"，人们的反应大都是"反正很重要"。实际上它也确实很重要，很多时候正是因为有了工作，我们才有饭吃，有房子住。可是，工作真的重要到可以为了它牺牲我们的身心健康吗？

何况，如果因为工作把自己累垮了，到头来还是要请假休息。

这样想来，也许一份收入可能会打折扣，但是不用那么拼命，可以长久从事的工作，才是需要我们看重的。

不要等到累垮了又不能请假的时候再去思考这个问题，在那之前我们就可以想一想，"什么对自己来说更重要"。

· 对你来说最重要的是什么？

· 工作可以排在第几位？

· 工作真的那么重要吗？

可以把想到的事写下来，排出次序。比如，以"我最在乎的东西排行榜"为题，一边思考上面的问题一边总结。在这个过程中也许你会发现，为了工作把自己搞垮真的很傻，也没有意义。

不过，尽管知道工作很累，有时我们却做不到为自己的工作量把关。比如有上司在监督，或是不知道哪个环节可以省力，抑或可控的部分本身就很少，这些都是常见的情况。

工作非常消耗，我们又没有能力给自己减负，这种情况下，可以考虑"消减工作以外的生活负担"。

· 平时吃饭在外面解决，或买超市里的熟食。

· 脏衣服攒多了去附近的投币洗衣房洗。

· 累了的时候只淋浴，不泡澡。

· 家里每周收拾一次就行了。

主动给自己创造一些"偷懒的机会"吧。能偷懒的时候就要偷懒，要懂得心疼自己。然后，遇到工作多得做不完的时候，一定要把能偷的懒都"偷"到。

如果正在做的工作太痛苦，当然也可以选择换工作或暂时停职。

工作不是最重要的，你才是。

重点　· 思考"什么对自己来说更重要"。

● 我在乎的东西排行榜

第 1 位

第 2 位

第 3 位

第 4 位

第 5 位

2.6

都说"朝九晚五很普通"，
其实能做到的人并不多

常有人这样评价自己："我真没本事，除了能按时完成工作，更多的就什么也做不了。"这样的人真的没本事吗？我完全不这样看。

反而，我觉得他很厉害，也做得很好。

"一周五天，朝九晚五"。就是这个普遍认为是"普通"的工作状态，真正能做到不喘一口粗气坚持下来的，其实没有我们想象的那么多。

人与人之间的"精力"是有差异的，然而我们总是撇开这个问题，给自己的能力打上"普通"或"一般"的标签。

有的人可以做着一份全职工作晚上还出去玩，有的人则要先保证每天待在家里才可能有力气工作。

无视自己的体力去和别人比较，然后得出"我无能，我没用"这种自我贬低的结论，才是真的无意义。

因此，暂时无法把能力完全发挥出来也不要紧，先搞清楚自己有多少体力，能持续工作多久才是当务之急。

针对这个问题，我的建议是制作"个人疲劳程度表"。

"如果感觉自己已经做不了某件事了，说明距离累垮还有 40% 的体力。"像这样，根据自己的实际情况给疲劳程度分级。

比如，"如果已经懒得洗澡了，说明疲劳度已达 60%""看喜欢的漫画也觉得没意思了，疲劳度已达 80%"。

□早上起来就觉得心情沉闷（疲劳度 20%）。

□看到社交软件上的那些"炫耀帖"就觉得心烦（疲劳度 40%）。

● 个人疲劳程度表

☐   疲劳程度 %

☐   疲劳程度 %

☐   疲劳程度 %

☐   疲劳程度 %

☐   疲劳程度 %

☐   疲劳程度 %

☐   疲劳程度 %

□生理期前夕心情烦躁（疲劳度50%）。

□不想泡澡（疲劳度60%）。

□靠便利店的盒饭过活已经有一段时间（疲劳度70%）。

□想马上辞职（疲劳度90%）。

制作"个人疲劳程度表"可以让我们看清"自己的极限"在哪里。

不仅如此，我们还可以根据这张表来决定"哪些事可以不做"。比如，不去参加无意义的酒会，周末不和朋友一起出门，下班以后不学习，不做便当，等等。具体来说，"如果疲劳度达到60%，周末就不和朋友一起出门""如果疲劳度达到80%，就带薪休假一天"。有了这个标准以后，便可以确保自己不会做超出体力上限的事。

每个人的精力都是有限的，正因为如此，我们才需要制作"个人疲劳程度表"，并决定好"哪些事可以不做"。

有了明确的标准，就可以有意识地防止体力透支，把自己累垮。

重点 不要在乎别人口中的"普通"和"一般"，认清自己的体力。

写下自己可以不做的事

2.7

换一个角度看世界，
一切都会不一样

"再努力一点",当有人对你这样说时,你会怎么想呢?

如果你的反应是"他对我有所期待""好,加油吧",那很好;但如果接收到的是"他在对我施压""他觉得我做得不够好"这些负面的东西,就要引起注意了。

听到同一句话时如何理解,在一定程度上反映出的是我们自己的状态。

在感受上把"别人的收益"当成"自己的损失",这也许是我们自己没有得到满足的信号。

换句话说,当"认知"偏向于负面时,说明我们的状态可能出了问题。

"认知"是我们理解周围事物和信息的心理活动,每个人对世界的"认知"都不同。进一步说,即使是"同一个人",认知也会随"状态"的改变而改变。如果一个人不论做什么都很开心,都能感到幸福,那并非因为他生活在世外桃源。说白了,**幸**

福遍地都是，就看你要找的是幸福还是不幸福。看到同一片风景，有的人觉得幸福，有的人则毫无感觉，区别也许仅在于个人的心境。

可见，只要能改变"认知"和"理解事物的方式"，便能轻易让一个人眼中的世界焕然一新，进而变得更容易感到幸福。在心理学上，这个改变"认知"和"理解事物的方式"的过程被称为"重构"。

我们平常接触到的"重构"，更多的是对"语言"的重构。举例来说，当我们感觉一个人"很烦"的时候，是否可以用另一个更积极的词，比如"活跃"，来替代原本消极的表达呢？

进而，当我们用同样的方法去转变我们的"思维方式"和"看待事物的方式"时，由此获得的积极认知便会让我们眼中的世界发生变化。

在地铁里看到有孩子吵闹，有的人会在心里抱怨"家长管教不严"，有的人则开心地认为"孩子活泼真好"。

突然被上司安排了新工作，有的人会想"又甩活儿给我，愁死了"，有的人则会想"等把这些都干完了，酒一定会变得好喝"。

虽然面对的状况是相同的，接受的方式却因人而异。

当然，你不必在看法上和别人保持一致，不一样也很正常，但如果你看待事物的方式正在"消耗你"，就有必要想一想是不是自己的"认知"出了问题。

当我们觉得"这个世界处处针对自己"的时候，心里一定要清楚，最终决定这个世界展现出何种面貌的，其实是我们自己。

一旦成功"将认知改写"，你会发现，很多事情都变得举重若轻了。

比如，你认为"自己朋友太少了很不幸"。这时候，你需要做的是质疑一下"朋友太少的人很不幸"这个认知是否有问题。"为什么我会觉得朋友太少的人很不幸呢？"尝试像这样提出问题并进行思考。

"我的朋友确实不多，但和他们在一起时很开心，并没有觉得不幸。"

"朋友很少但是看上去仍然很幸福的人，世界上多着呢。"

想着想着也许你会发现，"朋友太少的人很不幸"这个"认知"，不过是自己先入为主的想法罢了。

这些观念有时并非源于我们自己的真实感受，而是在不经意间吸收了周围人的情绪或大多数人的观点之后产生的。比如上学时曾和同学激烈地讨论过"没朋友的人是不是很可怜"这个话题。比如曾在媒体上看到过"朋友越多人生越富足"这种言论，然后没多想就接受了。

我们就这样原原本本地接受了他人的认知，并相信这些想法正确无误。

怀疑自己的"认知"，并设法寻找它的源头，正是在这个过程中，我们开始一点点将其改变。

　　然后你会发现，"自己其实一直都很幸福"。

重点 • 设法找到"认知"的源头。

2.8

没有什么是"应该的"，
对自己和他人都不要期待过高

关于"认知"，我想再深入地谈一谈。

如果抱着偏颇的认知不放，这些错误的想法便有可能发展成惯性思维，一定要引起注意。

包括"认知扭曲"在内，惯性思维可以表现为多种形式，每种都有其显著的特征。哪怕只是对这些形式有所了解，我们的思维方式也会发生巨大转变。

在这些不良的惯性思维中，最常见的一种便是认为某件事"应该怎样"。

比如，"女性应该结婚生子""员工应该无条件地服从上司的指示""父母应该为了孩子自我牺牲""人应该努力往高处走"。

虽然也有人是发自内心地想要"结婚生子"或

"服从上司的一切指示"，但很多时候我们只是受了周围的人或大多数人的价值观的影响。

尽管如此，我们却真的会因为"必须结婚生子"而着急，因为"害怕在强硬的上司手下干不下去，想换工作却又害怕失败"而烦恼。

既然如此，就要让自己习惯去质疑那些我们认为是"理所应当"的事。

比如，我们可以这样问自己。"人人都说应该结婚，但我真的想结婚吗？""也许我应该听上司的，但我一定要忍受非人的工作吗？"

这样一来，也许我们就会意识到自己有别于"应该怎样"的真实想法。"也许我想要的生活是努力工作，自己养活自己。""相比上司的指示，我更在乎的也许是自己的身心健康。"

这些"应该怎样"不但会成为我们束缚自己的绳索，还可能成为我们与他人交往的阻碍。

当我们因为"约会对象想要 AA 制"而感到不

满时，也许就是在把"男人应该多出钱"这种"应该怎样"强加给对方。同样，会对别人恼火和失望，可能也是因为我们在无意识地"期待"对方能满足自己的"应该怎样"。然而，就像我们做不到完全按照别人的期待行事那样，别人也不可能完全按照我们的意愿行动。

不论是为了自己还是为了他人，我们都需要去质疑并尽量消除这些"应该怎样"的想法。

并且，为了真的不再被"应该怎样"束缚，让我们极力避免使用"应该"这个词吧。

重点　• 质疑那些自己认为是"理所应当"的事。

2.9

尽量不说"每次"
和"一定"

和"应该"一样，还有一些词也是我们在生活中最好不去使用的，**比如"每次""一定""百分之百"**。

回想一下，你有没有说过这样的话呢？

"我每次都把事情搞砸。"

"我觉得这件事一定成不了。"

"百分之百是我的错。"

把只发生过几次的事，当成在任何情况下都会发生的事，这种认知模式被称为"过度一般化"。再试一次也许就成功了，或者换一种情况也许就办到了，但仍然一口咬定"一定成不了"，实在不能说这是一种正确的认知模式。一遇到挫折就说"自己每次都把事情搞砸"，这样只会让人陷入"自我否定"，不能自拔。

事实真的是"每次"吗？也有把事情做好的时候吧？当你又开始想"我每次都把事情搞砸"的时候，请你好好问问自己："真的是这样吗？"然后，请你努力回想一下那些"曾把事情做好"的时候，再小的事也没关系。于是你会发现，"每次"并不真的是每次。

在和他人交往时，像"每次""绝对"这样的词，也是最好不要使用。

比如，如果你和伴侣说"你每次都是这样！"，就不太好。因为也许并不是次次都是这样，就算之前每次都是这样，下一次也可能不一样。然而一旦这样说了，就算对方心里有歉意，也可能回一句"不是每次都这样吧！"，然后二人进入战斗状态。

还有，如果朋友每次说点什么我们都要回一句"就知道你一定会这样说"，结果会怎样？朋友会不会生气地说，"什么一定，你有那么了解我吗？"或是，"你怎么就知道我'一定'会这样说呢？"

希望我们都能接受事物原本的样子，不再用"每次""一定""百分之百"等过度一般化的视角看问题。

重点　• 多想想那些"把事情做好"的时候。

2.10

你并不是预言家，
你担心的事大多都不会成真

在大家看来，“幸福感”最大的阻碍是什么呢？

我认为是“焦虑”。哪怕我们已经过得很幸福了，一旦心里充满焦虑，就尝不出半点幸福的味道了。从某种程度上讲，焦虑情绪也是由“认知扭曲”带来的。

“万一将来觉得孤独，很痛苦，怎么办？所以我真的很怕单身。”

“如果生了病就请假不上班，我害怕会丢饭碗。”

我们虽然经常冒出这样的想法，但这些担忧基本上都是不必要的。

你担心的事大多都不会成真，因为你并不是预言家，不是吗？

"孤独是因为单身""丢饭碗是因为请假"，真的是这样吗？就像有的人认为"单身等于孤独"，有的人则认为"单身等于自由"，我们对于同一件事的看法可以有很多种。也许可以认为，"我们每个人的认知或多或少都是扭曲的"。也正因为如此，"认知扭曲"这个说法最近已经很少有人使用了。

不用再因为"患有认知扭曲"想不开了。每个人都有认识扭曲，只要能及时察觉——"等等，我这个人好像总会把事情往坏处想。"——就没什么大不了。

现在我们可以回想一下，迄今为止担心过的那些事，真的都发生了吗？我们担心过很多事，有时甚至觉得"怎么办，世界末日要到了"，但最终我们还是走过来了。所以哪怕是觉得"完蛋了"的时候，也不是真的就完蛋了。

另外，每当我们开始焦虑时，都可以先想一想目前的状况可能带来的后果，以及在多大程度上会带来这些后果。比如，工作上出现了重大失误，这种情况会带来哪些后果？概率分别是多少？

· 为弥补过失而加班 95%

· 上司非常生气 70%

· 影响奖金评定 60%

· 突然被炒鱿鱼 5%

怎么样？虽然最担心的就是"被炒鱿鱼"，但概率只有 5%，几乎不会发生。

到头来，会感到焦虑是因为不知道未来会发生什么。因为不确定因素太多了，所以觉得不安。

当我们开始审视现状，并对现状有了一定把握时，焦虑也就不复存在了。

重点● 想想每种后果的发生概率。

2.11

"社会应该主动来适应我"，让我们
以这样的心态坚持做自己

要想生活幸福，有一个重要的前提就是"精神不能绷得太紧"。

面对相同的状况，精神是否松弛，感受到的东西是完全不同的。比如，同事和你说"衣服上沾了脏东西"，换作平时，你可能会说"谢谢你告诉我"，但如果精神绷得太紧，你反而可能会生气，抱怨同事"为什么要当着别人的面说"。不得不说，一个松弛的精神状态可以帮我们规避许多不必要的麻烦。

那么，是什么导致了我们过度紧张呢？原因有很多种，其中之一就是"过分在意他人的眼光"。

"一直单身的话，周围的人会怎么说？"

"不能成为正式员工，就不算得到社会的认可。"

正是这些先入为主的观念，让我们的精神一刻也不敢放松。

在这个问题上，我觉得我们反而应该拿出底气，**以一种"社会应该主动来适应我"的心态去面对。**

虽然现实中社会并不会主动迎合我们，但至少我们可以做到不去迎合社会的标准，坚持做自己。

从某种意义上讲，"坚持做自己"就是我们常说的"任性"。

虽然"任性"常被当作贬义词使用，比如"他太任性了"，但我会认为，这个词有些过度被妖魔化了。

坚持做自己，这本来是一件美好的事。会认为"任性"带有负面色彩，可能跟我们小时候挨骂的经历有关，比如父母会教育我们"不可以说任性的话"。

不过在我看来，"任性"本身没有什么不好，就算有问题，也是出在表达"任性"的方式上。比如，

"因为想吃点心，就在超市里撒泼打滚"，这种做法肯定是不对的，但"想吃点心"的心情并没有错。同样，"累了想休息"也没有错，但如果表达成"我都这么累了，你为什么不替我做"，把情绪宣泄在另一个人身上，才是真正意义上的"做错了"。

　　我想说的是，我们并不需要去压抑心里涌起的感受。这些感受是应该"如实"被我们看到的。"想吃点心"也好，"累了不想工作"也好，请你接纳自己的这些"任性"。

　　在此基础上，你可以选择对自己有求必应，比如"回家时去便利店买点心"，也可以只在能力范围内听取自己的心声，比如"明天的工作仍然要按时完成，等下周不忙了再请个带薪假"。

　　感受代表了我们最真实的需求，接纳它，并适度地给予回应才是最好的做法。

重点● 接纳心里涌起的感受。

2.12

不要把宝贵的时间浪费在
不喜欢的人身上

假如你的寿命是80岁，那么你的一生就被赋予了80年的时间，这80年就是你的生命。

换句话说，时间就是"生命"。

同样是两个小时的生命，翻来覆去地想烦心事是两个小时，强迫自己加班是两小时，和朋友一起开心也是两个小时。不论哪种活法都会分秒不差地消耗掉两个小时的生命。既然如此，为了不浪费生命，何不为自己的人生项目排出一个优先顺序呢？

当然，这个顺序也许不是说定就能定下来的。工作上有业绩卡着我们，有上司盯着我们，好不容易熬到周末了，整个人已被掏空，就连陪家人的时间都得精打细算……这样看来，似乎没有什么是我们自己能决定的。

然而，**假如突然得知自己的生命已所剩无几，你还会像之前那样活吗？**你肯定会想换一个活法。

我因为自幼患心脏病，干的又是医务工作，对于"人随时会死"这件事，有着比大多数人更深刻的体会。也正因为如此，在我看来，多花一分钟在不喜欢的人身上都是浪费。所以我从来不让自己考虑他们的事。

对于那些你应付不来的人、你不喜欢的人，你不觉得花时间去琢磨"他们为什么要那样做？""他们那样做好过分！"是一件很不值当的事吗？**请不要把你宝贵的时间浪费在不喜欢的人身上。**更不用说为这样的人做点什么了。还是把时间花在你在乎的人和事上吧。

我们不妨这样设想一下：**如果自己明天就会死，今天的时间要怎样安排呢？**

这样一想，什么对自己是不重要的也许就看得一清二楚了。

重点 思考这个问题，如果明天就会死，我该怎么活？

第 **3** 章

倾听
"身体的声音"

3.1

让身体放松下来，心情也会
瞬间得到放松

在上一章里，我们谈了"怎样了解自己"以及"什么是属于自己的幸福"。

可能很多人会说，"就算要我了解自己，我也不知道该怎么做"，或是，"怎么才能知道哪些事情能让我幸福呢"。

用心思考并把想到的东西记录下来固然重要，但有些东西是只有"亲自尝试过，体验过"才能有所体会的。

当然了，实际体验后发现"和想象的不一样"也是有可能的。

比如，有的人喜欢吃拉面，有的人喜欢吃蛋糕，不实际尝试一下很难说清楚自己真正喜欢什么。

当我们无法靠"想"搞清楚一件事的时候，就有必要从身体和感受的层面去探索了。

因此，**在这一章里，我想谈一谈如何从"身体"和"感受"的层面出发与自己建立连接，了解自己。**

这些方法我们并不需要一一加以实践，挑出你认为适合自己的，尝试过后如果觉得有效就继续下去，这样就好。

比如，当你因为一件事怎么也想不开，觉得身心疲惫时；当难解的局面接踵而至，让你觉得"招架不住"时；当周围的人不顾实际情况对你指手画脚，让你觉得"不知所措"时。当你遇到这些情况时，要不要尝试一下从身体出发与自己建立连接呢？

我们的身心是一体的，如果内心疲惫不堪，身体也会变得僵硬。

反过来说，如果能让身体放松下来，心情也会随之变得舒展。

"渐进式肌肉放松法"是我经常推荐的一种，通过让肌肉一紧一松来帮助我们找回放松感、缓解压力的方法。虽说正式的训练需要一些技巧，但如果只想放松一下，一些简单的练习就能满足需求，比如下面要介绍的"肩部练习"。

首先将两肩耸起收紧，保持这个状态几秒后再一口气卸掉力气，放松下来。

怎么样，有没有感觉身体轻松了一些？如果你也是一个不懂得如何让自己放松的人，可以先像这样找到放松的感觉，熟悉以后就能做到了。人在身心放松的状态下是不容易紧张起来的，所以我们只要学会如何在感到压力时"主动卸掉身上的力气"就可以了。

当你感到身心疲惫，或是觉得"最近没什么好事发生"的时候，不妨做做拉伸运动，让身体得到舒展，或是泡个澡，感受一下被热水包围的惬意。

先让身体找到"放松"的感觉，心情会跟着好起来的。

重点 • 精神疲惫时，尝试先让身体放松下来。

3.2

要不要出去散散步呢?

"什么才是属于自己的幸福？""幸福的标准是什么？"当我们开始思考这些问题时，可能会意外地发现，"我们并不了解自己"。特别是在身心疲惫时，感觉大脑已经僵住了，怎么想也找不到答案。虽然知道这样下去不行，可又拿自己没有一点办法，徒增焦虑。

既然想来想去也想不出一个结果，**要不要出去散散步呢？**

走在街上，新鲜的景色不断映入眼帘，那是只有在漫无目的地闲逛时才会显现的非日常的世界。当你把注意力从自己身上移开，你开始留意到晴朗美丽的天空、道路两旁色彩鲜明的树木、随处可见的正在盛开的花朵。

这便是我们称为"幸福"的状态。

在我们的观念里，"幸福"往往是那些很大的东西。"幸福就是成为正式员工，然后好好工作。""光结婚不要孩子不叫幸福。""幸福是开一家公司，赚好多钱，成为人生赢家。"我们当然可以去畅想，但是不要忘记幸福也存在于"眼前"和"当下"。

话虽如此，我们毕竟是人，而人就是会把脑力消耗在"对未来的焦虑"以及"对过去的悔恨"上，所以我们常常感受不到"眼前"和"当下"。

针对这种情况，我有一个好方法可以让注意力回到"眼前"和"当下"，**那就是"使用五感"。** 换句话说，动用我们的"视觉"（用眼睛看）、"听觉"（用耳朵听）、"触觉"（用手摸，用皮肤触碰）、"味觉"（用嘴尝）和"嗅觉"（用鼻子闻）。

通过"视觉"，我们看到美丽的风景，欣赏触动心弦的影像。

通过"听觉"，我们聆听优美的音乐，倾听浪涛的声音。

通过"触觉"，我们使用柔软的毛巾，抚摸可爱的动物。

通过"味觉"，我们品尝美食，品味美酒。

通过"嗅觉"，我们闻到咖啡的香味，感受精油的芳香。

只需调动五感做一些让自己舒心的事，我们的意识自然而然会回到"眼前"和"当下"。让我们来到户外，动用五感，让散步成为一场感官的盛宴吧。追求"大的幸福"固然重要，但生活中还散落着许多"小幸福"。**希望你也能运用五感，把这无数的"小幸福"一一捡拾起来。**

重点 • 调动五感，捕捉生活中的"小确幸"。

3.3

偶尔也要去畅想与生计无关的事

在日复一日的奔波中，我们常常会不自觉地把"效率"和"最短路线"当成自己的目标。整天计算着性价比和单位时间收益，想着"没有时间做多余的事"，想着"赶紧做完这件事，还有下一件事在等着"。

面对这样的生活，我们非常需要偶尔能有一点时间，去畅想那些与生计无关的事。

·早晨上班的路上看一眼天空，觉得"好美"。

·买一副有点小贵的耳环，让自己一想起来就觉得开心。

·洗半身浴的时候多泡一会儿，让身心彻底放松。

·吃完午饭，花十分钟在附近走走。

哪怕只有一会儿工夫，只是绕远多走几步路，也好。正是这些宝贵的时间，让我们可以暂时告别不好的情绪和压力。"绕一段路""做一些平时不会去做的事"，在很多人看来这也许是浪费时间，但"幸福的精华"就蕴藏在这些看似被浪费掉的时间里。当我们心里只有工作、家务这些"必须要做的事情"时，对周围的世界往往是视而不见的。

世界如此之大，如此广阔，我们身处的地方却小得令人喘不过气来。

所以，哪怕只是稍微从那个状态中抽出身来，也显得尤为可贵。

能去旅行是最好的，但肯定不是所有人都能做到说走就走。既然如此，就做一些与生计无关的事，"绕一段路""做点平时不会去做的事"。从工作、家务这些"必须要做的事情"中抽出身来，不好的情绪、压力也会随之消失。这时你也许会突然发现，自己正在做的这件事，可能就是那个"能让自己感到舒心和幸福的事"。所以，就算觉得是在"浪费时间"，就算心里有一个声音告诉你"有这个闲工夫不如去干活，不然会被别人指指点点的"，也请你不要放过这些看似无用的宝贵时间。

希望你能放下手机多出去走走，享受片刻不被手机支配的时间。到不常去的地方逛逛，说不定还能找到一点冒险的感觉。

重点 · 偶尔也要绕远路。

3.4

要不要给自己换个"人设"？
成年人也可以玩"角色扮演"

"一不留神就把时间都给了工作，把自己放在了次要的位置。想改变，可就是改不掉。"

"好像总有干不完的事，手忙脚乱的。感觉自己这辈子就这样了。"

"对自己没信心，遇事总是迎合别人，不敢说出自己的想法。其实不喜欢这样，但事到如今已经改不掉了吧。"

有时候就是这样，"虽然知道一件事很重要，但对于自己能否改变心里却没底"。**这样的人也许可以尝试一下"角色扮演游戏"。**

不知道大家小时候有没有玩过"过家家"？有人当妈妈，有人当医生，有人当商店老板，一想到能"成为另一个人"，所有人都很兴奋。就是这个"角色扮演游戏"，对成年人同样适用。

比如，玩"扮演时尚达人"。给自己立一个"潮人"的人设，去潮街的咖啡厅喝茶，去商场里逛橱窗。虽说只是照着人设去模仿，但心里依然很高兴。橱窗里映出的那个身姿挺拔的自己，看上去比平时亮眼了许多。

或者，玩"扮演有钱人"。找一家豪华酒店，往休息区里一坐，充分体验一下"有钱人"的慢节奏生活。坐在松软的沙发上，手里拿着精致的茶杯，在悠闲的氛围中享受服务生毕恭毕敬的接待。如果觉得酒店里茶水消费的门槛太高，也可以找一家小商品店，感受一下一口气花光 1000 日元（约为 50 元人民币）的派头。想要什么就买上一大把，富足感瞬间拉满。

又或者，玩"扮演万人迷"。这也许是个很好的尝试。仗着自己"人见人爱"，主动送给别人一个微笑，坦率地说出心里的想法。社交软件上的信息晚一点回复也不觉得怎样。谁叫自己是"万人迷"呢。

　　扮演万人迷时，也许你会意外地发现，别人对自己更亲切了，笑容也变多了，自己的言行似乎总能得到更好的反馈。然后你会意识到，"原来那个人挺好相处的""原来把话说出来没什么不好"。

　　建议大家多尝试几种"角色"，**通过创建各式"人设"并进行"模仿"，让自己从日常框架中稍微跳脱出来。如果你一直没信心做出改变，这无疑是个改变思维方式和行为模式的好机会。然后你会发现，之前的很多担心都是多余的。**

重点 • 通过"角色扮演"，先在行为上做出改变。

3.5

学会在乎自己、爱自己

　　觉得孩子、伴侣、朋友都"很重要",也"值得被爱",但在对待自己时却无法如此。如果你也有这种困难,那么你真的很需要学会"在乎自己"和"爱自己"。

　　对别人可以,对自己却办不到。要想改变这种状况,我们可以尝试从"行为"入手,也就是所谓的"先得其形"。**先在"行为"上做到在乎自己,然后渐渐在感受上也能做到在乎自己、爱自己。**

　　比如,你可以想象一下,你有一位挚友在工作上非常拼命。这时候,你想为你的朋友做点什么呢?也许你想对他说:"你真努力,你太棒了!"然后为他递上一杯热茶。现在,请你也用同样的方式对待自己。对自己也说一声："你真努力，你太棒了！"然后心里想着"要不要喝一杯茶呢"，为自己沏上一杯热茶。

或者，想象一下你的伴侣把一件重要的事搞砸了，此时心情非常低落。你想轻轻抱住他，然后对他说："你已经尽力了，人总有失败的时候，不要紧的。"现在，请你也用同样的方式对待自己。"你已经尽力了，不要紧的。"然后轻轻地抱住自己。

再比如，你的孩子遇到了一件令他特别伤心的事。你可能会胡噜着他的背，摸着他的头，这样对他说："现在没事了。你很难过，很伤心，对不对？"那么当你自己伤心难过的时候，也请你这样对待你自己。"你很难过，对不对？现在没事了。"一边安慰自己，一边胡噜自己的身体，摸摸自己的头。

所谓从行为入手，就是像这样，"用你在乎别人

的方式，去在乎你自己"。随着为自己做得越来越多，我想你一定能找回"在乎自己"和"爱自己"的感觉。

重点 用在乎别人的方式在乎自己。

3.6

把"休息"提上日程，哪怕什么都不做，也是很好的"休息"

身心得不到充分休息的人真的很多。当被问到"睡眠是否充足"时，能回答"充足"的人大概非常少吧。

如第一章中讲到的，"好好休息"对于每个人来说都是一件非常重要的事。可是，尽管知道"累了要好好休息"，很多时候我们却意识不到自己的疲劳。而对于那些不允许自己休息的人来说，"休息"意味着要强迫自己做一件"与长久以来的习惯不符的事"，所以反而变成了一种消耗。

此外，不能休息还可能是因为"想休息却得不到公司的批准"，或是"担心如果自己休息了，工作上会出乱子"。很多人都是这样，非常确信"如果自己不顶上去，后果一定很严重"。

不过，请放心休息吧，事情都会顺利解决的。

公司是不会因为一个人请假就无法运转的。如果真出了那样的事，也是因为公司在结构上存在问题。那是经营者该考虑的事，员工是不需要一起操心的。

打个比方，我明天一早坐上相反方向的列车，翘了班。在行为上这确实很成问题，但公司那边还是可以正常运转，我的工作会由其他人代劳，并不会因此停摆。

如果这样还不能放心休息，我的建议是"直接把'休息'这件事写进日程表里"。

然后，可以尝试在"休息"的时间段里做一些"自己想做的事"或是"能让自己身心愉悦的事"。不需要多复杂，够得上一个"小确幸"就好。

·洗一个悠闲的泡泡浴。

·去山里踏青。

·做按摩缓解疲劳。

·躺着看一本一直想读的书。

顺带一提，很多人都有"一住酒店就来精神"的倾向，我就属于这一类人。因为去了一个远离日常的空间，不但头脑变清楚了，身上还有使不完的力气。

关于"怎样休息"这个问题，每个人都有自己的方式。不用考虑别人是怎样做的，你认为"什么是休息"，就怎样去做。而且，就算"什么都不做"，也完全没问题。能为自己预留出"休息的时间"，这已经是一个很棒的决策了。用你喜欢的方式好好度过这段时光吧。

重点・总之将"休息"提上日程。

3.7

"和所有人搞好关系"是一种幻想，
请远离那些你相处不来的人

我想很多人在上学的时候都曾被要求"要和所有人搞好关系"。

"要和所有人搞好关系",被这句咒语缠身的人数量之多超乎想象。因为对大多数人来说,被别人讨厌只可能是一件非常可怕的事。

"发的信息被对方无视了,感觉很受伤。"

"感觉有同事在背地里说我的坏话,心里挺难受的。"

很多人因为类似的事想不开。不过,请你冷静地想一想:被一个不回信息的人喜欢,你真的高兴吗?那些会在背地里说闲话的人,你真的想和他们搞好关系吗?

或者,你可以设想一下,在你导演的"理想人生"中，真的存在那种不回信息的人和说闲话的人吗？如果没有，那么他们不过是阴差阳错被推上舞台的"临时演员"罢了。现实中，你同样可以不给他们安排参演的机会。

有资格出演"理想人生"和"幸福世界"的，只有那几个对你来说最重要的人，其余的都是临时演员、龙套和场外观众。世界人口已突破80亿，然而绝大多数都是龙套罢了。不要再因为龙套的一言一行而暗自伤心了，把精力留给那些真正重要的人吧。

"和所有人都搞好关系"是不可能的，那不过是一种幻想。

大胆地远离那些相处不来的人吧。

不但要在心理上远离，在物理上也要尽可能地远离。比如，你可以尝试这样做：

·在社交软件上，将他们的朋友圈和更新设置为"不看"。

·一旦有龙套进入视野，就迅速挪开视线。

·尽量不见面。

　　然后你会发现，"原来不搞好关系也没什么"。不用强迫自己和讨厌的人、相处不来的人搞好关系，不要紧的。

重点● 远离讨厌的人和相处不来的人。

3.8

抓住和幸福偶遇的瞬间，
怎样的人生都是好的

我在前面曾谈到，幸福就是日常生活中"小确幸"的总和。把每天的"开心"和"愉悦"积攒起来，就变成了一种松松软软的幸福感。

当然，我相信每个人都有自己对幸福的定义，而其中的一种就被设计成了与当下的生活相去甚远，比如"只有巨大的收益才是幸福""只有成功才是幸福"。

"要过上能向别人炫耀的人生"，这是很多人都在讲的一句话。可是说到底，人生就是一个自然而然的、由生到死的过程，对于活着这件事，也许我们不必强加给它什么特殊的意义。哪怕只是被动地活着，也是好的。哪怕没有巨大的收益和成功，也不要紧。

哪怕没有办法向任何人炫耀，你的人生也是好的。哪怕这一生中你只在乎那些偶然让你感到幸福的瞬间，也完全没有问题。

"努力实现这个目标，就能得到幸福"，当你抱着这种心态达成愿望以后，可能会发现还有另一个需要你更努力的难关在等着你。为了跨越接二连三出现的难关不断努力，万一把自己累垮了，想重整旗鼓并不容易。如果不能划出明确的界限，努力将变成一件望不到头的事，然而任何人都做不到无休止地努力。

因此，一旦开始感到倦怠和疲惫，就需要赶紧撤退，转而去收集那些松松软软的"小确幸"。

"小确幸"也许收集起来并不容易，但我们可以试着丢掉一些攥在手里的"小不幸"，也就是那些会让我们感到"不愿意"和"不愉快"的事，比如：

·拒绝不感兴趣的社交。

·与合不来的人保持距离。

· 把麻烦的工作留到最后。

· 衣服沾满污渍就不洗了，直接丢掉。

丢掉"不愿意"和"不愉快"，这本身就是一种幸福。

重点 ● 把"小不幸"统统丢掉。

第**4**章

建立舒适人际关系的要点

4.1

别人只能看到他们想要看到的，
按你自己的意愿去做就好

在前两章里，我们谈了"如何了解自己"，以及"什么是属于自己的幸福"。"对自己来说什么是幸福呢？"只有搞清楚这件事，我们才能活出自己的幸福。

可是，当我们了解了自己，也决定不再勉强自己，决定把自己的幸福放在第一位时，我们仍会遇到一些阻碍：有的人不赞同我们这样做，甚至会让我们产生自我怀疑的想法。

说到底，所有烦恼都是因人而起的。

因此，在这一章里，我想谈一谈有哪些"人际关系"上的要点，是我们在追求幸福的路上需要掌握的。

不知道你有没有过这样的体会，有时候我们明明没有想当一个"好人"，却还是习惯性地、不自觉地当了"好人"。

"虽然麻烦，社交软件上的信息还是会尽快回复。"

"这周已经很累了，但还是答应了和朋友一起出门。"

每次都是稀里糊涂地迁就了别人，委屈了自己，导致我们自己的"幸福感"越来越少。

而且，就算你付出得再多，也总会有人不喜欢你。比如，当我对 A 好时，在和 A 关系不好的 B 看来，我可能只是在"巴结 A"。但如果因此就放弃了"对别人好"，那么最终只会让我们变成一个"人见人厌"的人。

对别人好会受人非议，不对别人好也会受人非议。**既然如此，就不要在意别人的眼光，而是要以自己"想守住什么"为标准来决定该怎样做。**

恋人也好，家人也好，朋友也好，或者是工作也好，首先决定好"什么是自己一定要守住的"，然后再考虑该怎样处事的问题，这样一来，我们在遇事时就有了原则。

当然了，一旦有了原则，我们就一定会有"当不成好人"的时候。比如，为了维系好家庭关系，有时候早一点下班也是不得已的。不过在我看来这也无可厚非。毕竟，如果想活成"所有人眼中的好人"，就势必要舍弃一些重要的东西，甚至是失去自我。与其这样，不如把我们在乎的东西放在首位。为了那些我们并不真正在乎的人拼尽全力，只会把我们自己搞垮。

何况，就算我们考虑得再周全，沟通得再真诚，排除了所有可能造成的误解，到头来别人还是只能看到他们想要看到的东西。所以，就按照你自己的意愿去做吧。

守住你想要守住的，活出真正的自己。我想在很多人眼里，这样的你才是一个真正的"好人"。

重点 • 决定好你在乎什么，把它们放在首位。

4.2

会嫉妒和羡慕别人，可能只是
因为"太闲了"

不知道你有没有过这样的经历：有的人和你说话时总是故意带刺，或是会用一些大道理去评判你的人生，说"我认为你这样有问题"。就算你想躲开，偶尔碰到了还是会被对方抓住不放。

如果你正为此而苦恼，不妨这样想：幸好自己没有活成那个人的样子。

通常来说，说话带刺并对别人劈头盖脸地加以评判，是在绕着弯子表达"嫉妒"。

不可否认，我们每个人或多或少都有"嫉妒心理"。比如，当你看到熟人在社交软件上秀幸福、秀成功、发婚照、孕照、升职报告时，虽然会点赞说"恭喜"，但心里会不会有一点不爽呢？万一赶上自己的婚姻、孩子、事业还没有着落，觉得难受也是有可能的。

相反，当你对生活感到特别满意时，就不会太在意这种事。

换句话说，会产生负面情绪也是我们自身状态的问题。

当你感到情绪翻涌时，不妨先问问自己，是不是自己的状态出了问题。如果确实感觉"状态不太好"，就有必要维护一下自己的身心健康了。身心得到了休整，感受上也会轻松许多。

会羡慕和嫉妒别人，还有一个常见的原因就是"太闲了"。

如果是这种情况，建议大家把自己想做的事情写下来，在条件允许的范围内尽可能地去尝试，让自己投入到"兴趣爱好"中去。当人生变得越来越充实，嫉妒心也会随之消失。

如果这样仍不能消除嫉妒心，我的建议是走"升华"这条路。我们可能都听说过"通过作品使

悲伤升华"这种说法，而我要讲的"升华"，是一种
"心理防御机制"，也就是通过将不易被社会接纳的
攻击冲动和排他思想转化成更高级的、能够被社会
接纳的形式，达到自我满足的目的。

　　具体来说，当你强烈地嫉妒某个人时，可以尝
试把这种心情转化成自我提升的动力。比如，通过
健身让自己变得更美，通过不断学习增加业绩，成
就一番事业，这些都是很好的将嫉妒心"升华"的
方式。

重点● 把嫉妒心转化成自我提升的动力。

4.3

你的人生要自己负责过好，不要在意别人不负责任的评判

　　想必大家都遇到过那种喜欢对别人的生活说三道四的人。

　　"休息两天什么都不做？出去活动活动，见见人多好啊！"

　　"天天吃冷冻食品太可怜了，不给孩子好好做饭怎么行？"

　　"你怎么辞职了？一不满意就辞职，到哪里也待不住！"

　　这样的人大多并不了解别人的真实情况，只会站在远处把自己的固有观念丢出去，说些不负责任的话。

　　你的人生是你要负起责任把它过好的，不要因为不担责任的人的一句话而丢了主见。

那些说话的人并不了解你的人生，你也不曾把自己的全部经历告诉他们，不是吗？

鉴于这些人总喜欢擅自对别人的人生断章取义，妄加评判，我一般叫他们"擅自评论家"。

如今，"擅自评论家"在网络上随处可见。他们原本是那些"爹味"十足、喜欢一边看拳击比赛一边冷嘲热讽地说"还不如我厉害"的人。而现在，他们为了博得更多的关注纷纷流窜到了网上。

不必在意他们说什么。不过话说回来，想要做到熟视无睹也不是一件容易事。鉴于这种情况，我们其实可以反过来利用他们，来明确自己的生活方式。

比如，**如果有人贬低你"跑得慢"，你就告诉他"因为有值得慢慢欣赏的风景"。如果有人问你"为什么那么软弱"，你就回敬说"我活着不是为了伤害别人"。**

我们每个人都有自己的目标，到达那里的过程也不尽相同。有的人觉得"休息日什么都不做是不能想象的"，也有的人觉得"懒懒散散地什么都不做才叫休息"。有的人觉得"吃饭就应该下厨房"，也有的人觉得"偶尔用冷冻食品和熟食凑合一下，才能有更多时间陪孩子"。

看清了自己想要的生活是什么，便不会被别人的一两句话带偏了方向。

当一个目的地和路程都与你不同的人跟你说"你走错路了"的时候，只需要坚定地告诉他"我往这边走"就可以了。

重点 • 不要在意别人不负责任的评判。

4.4

疲劳不是拿来比较的，
也无法比较

"公司里有个人特别烦，和他共事超累！"

"就在前几天，我家的猫咪死了……我超难过……"

"有了孩子以后，工作和家务事多到忙不过来，太要命了。"

有时候我们会把自己的痛苦、难处和烦恼说给别人听。

可是，有的人听了以后却这样回应。

"那人不算什么，比他烦的人多的是，我们公司里管事的人才是真的烦！"

"难过是没错，但是差不多就行了，毕竟死的是个宠物，不是你爸、你妈、你的孩子。"

"你才一个娃，还差得远呢！生二胎更要命。我姐已经生三胎了，说是能把人累死。"

说这些话的人也许并没有恶意，但是，**擅自揣测他人的痛苦，并把它当作"比惨"的筹码是绝对不应该的。**

痛苦和疲劳是不该拿来比较的，也无法比较。每个人的痛苦都是实实在在的痛苦，你的也一样。**你不需要用比较的方式来说服自己忍受痛苦和疲惫。**

当然了，世界上一定有人活得比你更惨，境遇比你更糟。但这不代表他们可以和你"比惨"，并对你说："你的痛苦算什么？你没有资格说痛苦！"

"你所浪费的今天，是昨天死去的人奢望的明天。"这是我们在劝别人"要努力活在当下"时经常搬出的一句名言。不过在我看来，哪怕是出于这个目的，也没有必要拿"我浪费的一天"和"别人奢望的一天"相比较。

"你所浪费的今天"和"昨天死去的人奢望的明

天"是不能相提并论的。

你不需要因为自己今天的碌碌无为而对任何人感到愧疚。

你的心情是不需要拿来和别人比较的，那是只属于你的感受。难过也好、疲惫也好、悲伤也好，不要让比较成为你"轻视"和"忍受"它们的理由。

重点● 你不需要忍受痛苦和疲惫。

4.5

远离那些带给你"负罪感"、
让你觉得"痛苦"的人

只要和这个人在一起就很痛苦，不知你是否有过这样的感受。

如果和某个人相处总让你感到痛苦，或是会产生"自己不行"的想法，那就赶快离开吧。没有人规定你一定要和所有人都搞好关系。

"都是因为你做事之前不想清楚，我才会这么难！"

"要不是因为你搞错了，事情就不会变成这样！"

"就因为你不好好干，受累的人总是我！"

假如一个人总是这样和你说话，用"都是因为你"这种逻辑把所有事都说成是你的错，那么很有可能，他属于那种"习惯用负罪感控制别人的人"。

不过即便事实如此，我们可能也会发现，下定决心远离一个人并不那么容易。

你会想，和他在一起虽然不舒服，但也没有到水火不容的程度，如果就这样疏远了他，反而有些过意不去。

结果，原本有很多可以远离他的机会，就这样被错过。

恕我直言，对于那些习惯用"负罪感"控制你的人，一定要迅速、果断地远离。你的幸福不在那里。

为此，我们首先要搞清楚"利用负罪感控制他人"有哪些套路。了解了这些套路以后，你可能会突然醒悟，"原来这个人一直在利用负罪感控制我"，这样一来你也许就能果断地离开了。

比如在工作中，"利用负罪感控制他人"可以体现为上司的权力霸凌：既然没有达成目标，拼命加班是理所应当的。在"没有达成目标"这种负罪感的刺激下，我们也许就会想"也只好照做了"。

家庭暴力是"利用负罪感进行控制"的另一种体现。"都是因为你做得不好，才把我气成了这样！"这是一种典型的利用负罪感进行情感绑架的套路。遇到这样的伴侣还不分开，也许你已经如对方所愿，当真认为"是自己没用"。

还有我们常说的"有毒的父母"，想来也有这种倾向。"对你严厉，是因为你各个方面都不行！""我这样说还不是为了你好！"这些"为了你好"，或许也可以被看作在"利用负罪感进行控制"。

生活中，类似的情境随处可见。**如果有人正在用负罪感控制你，一定要不假思索地远离。觉得痛苦就果断离开，你自己才是最重要的。**

重点 • 远离带给你痛苦的人。

4.6

报复伤害过你的人最好的方法，
就是让你自己过得更好

"我绝不原谅他！"

"我要报复那个让我不幸的人！"

"一想起前男友就生气。"

很多人之所以痛苦，是因为放不下某个"不可原谅的人"。

尽管知道应该忘掉这个人，却始终被情绪所困，甚至以此为借口，直到现在也没有去寻找自己的幸福。对每一个这样的人，我想说的是：**报复伤害过你的人最好的方法，就是让你自己过得更好。**

当你还在怨恨，还在痛苦时，你仍然是不幸的。如果这就是那个人想要的，你痛苦不是如他所愿吗？**把他忘得一干二净，让自己开心过好每一天，让他的期待落空，这才是最好的做法。**反正是要报复那个人，就用"让自己更幸福"这个方法吧。

何况，用大把的时间去怨恨一个人，原本就是一件不划算的事。

"时间"就是"生命"。

不要为了一个不可原谅的人浪费你宝贵的生命。

不过，如果你想"选择原谅"，也有一个好方法，那就是站在更高的位置上俯瞰自己的境遇。比如，你可以这样劝你自己："世界上本来就是什么人都有嘛！"全世界有 80 亿人，每个人的文化背景、价值观、经历、性格都不相同，眼前这个人不过是和自己不同的 80 亿中的一个罢了。

之所以对这个人充满愤怒，觉得他"不可原谅"，也许只是因为他和你想象中的不一样。当意想不到的情况突然被摆在眼前时，任何人都会感到焦躁和不知所措。

因此，**要想保持一颗平常心，就要尽可能地去**

预测所有可能发生的情况。

眼前是一个和自己完全不同的人，他是"有可能"做出超乎自己想象的事的。多往这个方向想想，心里就没那么慌了。

"可能会辜负""可能会说谎""可能会出轨""可能会迟到"……多想想人际关系中可能发生的事，也许我们就能少受伤、少伤心了。

> **重点** • 多想想别人"可能会"做出什么。

4.7

学会"招别人讨厌"比学会
"招别人喜欢"更重要

"不想被别人讨厌"，这可能是所有人的心声。

不过，我越来越觉得，**相比"如何让自己在乎的人喜欢自己"，"如何让自己想远离的人讨厌自己"才是一项更重要的人生技能。**

可能有人会说，被那些爱找麻烦的人讨厌了，不是反而会招致他们的攻击吗？可是，如果一味地容忍他们，放任他们，就会永远受他们的摆布，带给我们的消耗只会更大。如果你正因为某个人感到不堪重负，不如学习一下"如何让他讨厌你"吧。

为此，我们首先要在思想上做到"就算被这个人讨厌，心里也不会过意不去"。**"被讨厌的人讨厌了，真开心！"**希望大家都能拥有这种心态。

本来嘛，那些会随便攻击别人的人原本也不是什么正人君子。就算不被这样的人讨厌，一旦被他们抓住了机会，也少不了一阵言语轰炸。而且就算努力让自己不被他们讨厌，他们也一定会对你的努力视而不见。在他们身上花多少时间都是没用的，别让这些讨厌的人搅乱了你的生活。

说起来，我们"不想被别人讨厌"，可能也是源于一种惯性思维。

"为什么不想被别人讨厌？"

"被别人讨厌了会怎样？"

"在什么情况下，被别人讨厌是一件好事？"

建议大家思考一下这些问题，再想一想自己之前的认知是否正确。可以尝试使用第 2 章介绍的方法，一边把想法写下来，一边思考。然后你会发现，"被别人讨厌也许不是一件坏事"。

另外，对于那些讨厌的家伙，有的人觉得应该"报复一下，以牙还牙"。可是，拿自己宝贵的时间做这种事，值得吗？

不要把生命耗费在这种人身上，一秒也不要。

其实大多数时候，这些人只要你不予理睬，他们自然而然就会觉得没趣，然后走开。

学会"如何让别人'讨厌'自己"，只结交想要来往的人，这既是在为我们自己谋幸福，也是为了能和他人建立舒适的人际关系。

重点 ● 学会怎样让别人"讨厌"自己。

4.8

相比"能说"，"不说不该说的"
要重要一百倍

要想拥有"属于自己的幸福"，就学会远离一些人，但这并不代表我们就不需要和别人来往了，建立连接同样重要。

常有人问我："自己没有沟通能力，应该怎么和别人说话呢？"其实，沟通能力并不像很多人想的那样是和"风趣"画等号的。

如果你想在沟通中令对方满意，相比"能说"，"不说不该说的"要重要一百倍。

这是所有"有意提升沟通能力"的人都需要首先明确的一点。

基本上，我们与别人交流是为了"说自己的事"。比如许多人一起去喝酒的时候，你有没有发现，每个人都在争着说自己的事呢？

这时候，如果你乐于当一个听众，是不会有人讨厌你的。

由此可见，对于想要提升沟通能力的人来说，"善于倾听"绝对是一条近道。

当你觉得"必须说点什么"的时候，不如先默默地听对方讲话。

在这个过程中，我们要注意不要去评判对方讲话内容的"对错"，比如，"不是你说的那样！""你这样想不对！"。

把自己的想法和观点先放在一边，只是用心去听对方讲话。用这种姿态去和别人交流，是很容易博得对方好感的。

除了"善于倾听"，"幽默感"在我看来是另一个能在人际交往中发挥重要作用的因素。不是有这样一句话吗，"能够灵活驾驭幽默的人，才是真正成熟的人"。

当我们感到焦虑、低落或是压力很大的时候，尝试给这些负面情绪披上一件"幽默"的外衣也许是个不错的办法。

有一本我很喜欢的书，叫作《差点跟生活拼了命》，这个名字起得就很有幽默感。意思很好理解，"还好没有活得那么拼命"，但是这样一处理，就让人忍不住想笑，而且觉得很有认同感。

另外，当我们在交流中想要轻描淡写地施展一下攻击性时，也可以使用"幽默"这件武器。

软银集团总裁孙正义在面对推特上对自己脱发的调侃时，是这样回击的："不是我的头发在后退，是我在前进。"不但幽默好笑，还颇有些气宇轩昂的姿态。

"幽默"的精髓在于能让人"开怀一笑"。

如果能把幽默自如地带到日常交流与生活中，你的人际关系一定会变得更加丰满。

重点 • 学会"倾听"比锻炼"口才"更重要。

4.9

从"万事靠自己"到
"遇事会求人"

做事容易过度付出，却又很难找到幸福感，这样的人往往有一个共同点，那就是"遇事不爱求人"。

至于"不爱求人"的理由：

"万一被拒绝了会很受伤。"

"害怕被别人当成一个麻烦。"

"总觉得依靠别人是不对的。"

会有这些想法完全可以理解。不过，在不依赖他人的前提下偶尔求人帮忙，然后表示感谢，自己也因为得到了帮助而开心，这其实是一种很好的与他人建立关系的方式。

而且相比花时间自己学一门技术，适当地求助于他人不但对我们自己来说更省事，成果也往往更理想。

从"万事靠自己"到"遇事会求人"，这种对自

我定位的转变，是我们每个人都需要掌握的一项生存策略。

不如说，很多时候反而是"求人帮忙"更能让事情顺利解决。

"动不动就求人是不成熟的表现""任何事都应该自己负起责任""自力更生是一种美德"，虽然也有人崇尚这种风范，不过在这里我想大声说一句：**你是可以向别人"求助"的，而且这是一项非常重要的生存技能。**

也许你会说，"万一开了口被拒绝，多受打击啊"。可是换个角度想想，你真的想和一个在你遇到困难时拒绝帮你的人来往吗？

通过一件事看清一个人，应该说这反而是一件幸运的事。多和那些愿意帮助你的人来往吧。

在工作中，求助同样是一项必备技能。

一个人埋头苦干，结果不但成绩不理想，还把自己累垮了，这种情况很常见。到头来，同事们还得赶着给你善后。"要是能早点开口，从一开始就能帮你"，这句话是不是听起来很熟悉呢？

可见，**职场求助的关键就在于"你不开口，别人就无从下手"**。

沉默不语是得不到帮助的，因为大多数人并没有我们想象的那么在意别人的事。

因此，当我们需要帮助时，**一定要直言不讳地把困难说出来**。

我相信你的同事一定也更愿意看到你这样做。

而且，如果他们当中原本就有人想和你走得更近，我猜他们的想法一定是"快来求助我呀！""千万别跟我客气！"。

换位思考一下，当你的朋友遇到困难时，你会不会很希望他们来求助你呢？

赶快尝试把你的状态切换成"遇事求人"模式吧。

重点 • 你是可以向别人求助的。

4.10

学会自爱，将人生调至简单难度

在所有人际关系中，伴侣关系属于最亲近的那一类，因此会触及一些在其他关系中不容易遇到的问题。

比如，我们会因为搞不清对方的感受而感到非常不安；会过度地束缚对方，任何事情都想加以干涉；会因为一点小事就发生争执。

虽说产生矛盾的原因有很多种，但是总结下来有一个常见的模式：我们会担心"自己是不被爱的"。

归根结底，我们是如何看待自己的呢？"我是值得被爱的"还是"像我这种人肯定没有人爱"？

活在这两种不同的感受里，对世界的看法也会截然不同。

就像我在前文中多次提到的，认知扭曲会造成不良的惯性思维。

如果我们一心认为"自己是不被爱的"，那么不论对方做什么，都可能被理解成"所以他是不爱我的"。

事实是对方忙得没有时间看信息，却可能被理解成"因为不爱我才迟迟不回复"。

但如果我们很确信"自己是被爱的"，在同样的情况下就会去体谅对方的难处——"他说过今天很忙""他可能已经睡了"。

那么，怎样才能改变这种"认为自己不值得被爱"的认知呢？

事实上，"认为自己值得被爱"的感受与"自爱"，也就是能够爱自己的感受是相通的。

关于"自爱"，我在第1章中是这样解释的：一种能够"爱自己""心疼自己""原谅自己""认可自己"的感受，与"自我接纳"类似。不因为自己

"能做到什么"或"比谁更优秀"，而是"像父母爱他们刚出生还不知事的孩子那样，毫无保留地接纳自己"。

虽然这个也不行，那个也不行，但我就是觉得自己挺好，愿意无条件地去爱眼前这个最真实的自己。

这种自爱的感受，在我们与另一个人的亲密关系中同样发挥着重要的作用。

当我们非常确信"自己是有价值的"，并且能够做到爱自己的时候，我们就会因为相信"这么好的自己一定是被爱的"，而将人生调至简单难度。

好活赖活都是活，为什么不选择简单难度呢？

愿我们都能拥有安稳、快乐的人生，抓住实实在在的幸福。

重点 • 虽然这个也不行，那个也不行，但我就是觉得自己挺好。

第 5 章

人生是一场和幸福的偶遇

5.1

不完美，不出众，会失败，
会出丑，又有何妨？

　　在这一章里，为了让我们都能不勉强、不费力地抓住属于自己的幸福，我打算介绍几个能帮助我们在每日生活中拾取"小确幸"的"心理小妙招"。

　　幸福不一定要轰轰烈烈，幸福也可以是平淡而细微的。所以，就让我们更多地和幸福不期而遇吧。

　　能帮助我们拾取幸福的方法有很多，其中之一就是"不做期待"。

　　很多时候，我们会陷入低落、焦躁等心理失衡的状态，都是因为"期待落空了"。

　　"自己应该能做得更好。"

　　"本来可以尽全力的，结果没做到……"

　　"自己竟然会犯这种错误，不能接受。"

自己是有能力的，自己是可以尽全力的，自己是不会失误的，正因为这些不切实际的期待落空了，才产生了负面情绪。

不要对自己期待过高，哪怕自己不完美，不出众，会失败，会出丑，也不要紧。

尽管如此，仍然有太多人对自己期望过高，搞得自己喘不过气来。人一旦有了期待，就会认为很多事情是"应该的"。

"自己应该是这样的""事情应该这样做""在别人面前应该保持这种形象"……当我们把这些"应该怎样"强加在自己身上时，就会感到非常痛苦。

你并不需要让自己那么拼命，也不必过高地评价自己。"一定要出人头地""一定要为自己感到骄傲"，就算不这样想也没什么。

和别人相处，同样不要抱有太多期待。

从一开始就不抱期待，是与他人平和相处最好的方法。

何况就算我们再怎样期待，也不可能改变一个人。把自己的"应该怎样"强加于人，只会让别人感到不快。

另外，虽然不是以"你应该怎样"的形式，还有一种人际交往模式也是我们需要警惕的，那就是"我想为你这样做"。

这种看似是在"为别人着想"的行为，其实也是在把"自己的期待"强加到对方身上。

一个人"想做什么"，需要由他自己决定。擅自把"别人需要思考的问题"当成"自己需要思考的问题"，其实是侵犯了"对方的边界"。

看似尊重了对方的人生，其实与尊重背道而驰。

既不要把期待强加于己，也不要把期待强加于人，而是要用平常心去面对自己和别人最真实的样子。

重点·对自己和他人都不要期待过高。

5.2

你是可以依靠别人的，学会多说
"我不会！帮我！"

一个人觉得自己"活着太累"，很可能是因为不会依靠别人。

"不是那种会依靠别人的性格。"

"不知道怎么依靠别人。"

"万一求助被拒绝了，会很难过。"

做不到依靠别人的原因有很多，但很多时候我们已经很难了，却仍然开不了口，只能看着自己的处境越来越糟。如果你也有这种困难，希望你明白，**"你是可以依靠别人的"**。

哪怕只是知道这世界上还有人可以依靠，那种"活着太累"的感觉就能减轻不少。

话虽如此，向人求助仍然是一件需要很大勇气的事。

在这里，我想和大家分享一下能让自己学会依靠别人的三个步骤。

·第1步　接受自己是不完美的。

坚持认为"自己一个人什么都行"，遇到不行的时候就会很痛苦。但事实是，一个人基本上是无法靠自己生活的。

比如，我们每天早上丢掉的垃圾，是需要由他人负责回收的。上班时利用的公交系统，也是需要有人来运营的。去上班能拿到工资，也是因为有人在按工时为我们结算并汇款。

世界上"净是靠自己做不到的事"，但同时我们也要看到，"我们也有能为别人做到的事"。

这样想来，你还会认为"向别人求助"是不能接受的吗？

·第2步　把"可以依靠"的人罗列出来。

万一遇到困难了，可以向谁求助呢？要想回

答这个问题，就需要做到对自己的人际关系心里有数。

首先拿出一张纸，在上面画三个同心圆。

最内侧的圆里写与你最亲近的人的名字，比如家人、恋人、挚友。这些都是在你遇到困难时，有可能倾力相助的人。

第二个圆里是那些与你走得比较近的人。普通朋友、童年伙伴、关系好的同事、平时比较照顾你的上司等。也许以前的恋人也可以算在内。在不构成负担的情况下，这些人也会给予你一定帮助。

除去以上两种情况，其余所有我们认识的人，都写在最外侧的圆里。对于来自他们的帮助，我们是不能抱太大期望的。

写完以后你会发现，你还是有一些人可以依靠的。

也许你并不会真的向他们求助，但是只要知道自己是有人可以依靠的，心里就会轻松许多。

·第3步　不要过分依赖某一个人。

当我们"对某个人过分依赖"时，依靠就变成了负担。

因此，我们要把自己对他人的依靠，"分散"在人际关系这个同心圆的中心及其附近的多个人身上。

"依靠别人时不要只盯着一个人不放，而是要让更多的人成为自己的依靠"，这个重点你学会了吗？

了解了这三个步骤以后，不知道你此时的心情如何。当你知道世界上还有人愿意帮助自己，自己也可以去依靠别人的时候，心里那种"活着太累"的感觉是否已经减轻了许多呢？

有困难就开口吧，你是可以依靠别人的。

重点· *学会依靠更多的人。*

● 画三个同心圆，列出"可以依靠"的人

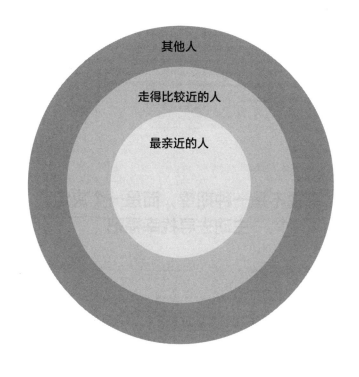

其他人

走得比较近的人

最亲近的人

5.3

幸福不是一种期望，而是一个决定，
主动去寻找幸福吧

"不要总期望自己能得到幸福。"这是我常说的一句话。

于是很多人问我："对幸福不抱期望的话，又怎么能得到幸福呢？"

可是，如果期望过大，有时我们反而会担心"万一得不到幸福怎么办"。

幸福不是一种"期望"，而是一个"决定"。

通往幸福的路并非只有一条，而是有无数条。

一个想通过走音乐道路得到幸福的人，即使这条路走不通，也不意味着就此与幸福失之交臂。

一个想通过与眼前人结婚得到幸福的人，即使最终不欢而散，也不代表今后就不会找到别的幸福。

即使期望落空，即使失去了现有的幸福，世界上仍然有许多其他获得幸福的途径，而且你永远有得到幸福的权利。

所以，请你坚定地对自己说："我一定会更幸福，我要主动去寻找幸福。"

让"寻找幸福"成为你的决心。

并非对幸福抱有期望，而是下定决心"要让自己幸福起来"，哪怕眼前这条路走不通，也会去寻找其他通往幸福的路。

这种方法不行，就换一种方法再试试，既然是自己决定的事，相信你一定能找到适合你的、让自己幸福的方法。这样一来，像是"我这样的人真的能幸福吗"或是"万一得不到幸福怎么办"这些自我怀疑和不安情绪也都会减轻或彻底消失。

关键在于"要自己做出决定"。不光是寻找幸福，任何事情都是如此。并非"想重视"，而是"我决定要重视"；并非"想请假"，而是"我决定请假"。像这样，通过"决定"自己想要成为的样子，把自己的主体性激发出来。

如果你已经有了努力的方向，下定决心放手去做吧。

"我要接受最真实的自己。"

"我要照顾好自己的身心健康。"

"如果觉得累了，就算事情没做完也要强迫自己休息。"

重要的不是"想怎样"，而是"决定自己就要这样"。

重点 • 自己决定你要成为什么样的人。

5.4

没有人能帮我们消除情绪，
再麻烦也要自己面对

"他太气人了！""他说得我很难受……"当我们心里满是愤怒、不满等负面情绪时，是不可能感受到幸福的。

可是，没有人能像变魔术一样，啪的一声帮我们消除这些情绪。

尽管情绪难缠，我们也只能自己去面对。

如果你正被这些情绪搞得烦躁不堪，不如尝试把它们写下来再进行整理吧。

·第1步 把心情烦躁的原因写下来。

比如，下班回家后感觉心情烦躁，这时，可以把所有可能的原因都写下来。

"工作怎么也做不完""上司提的要求不明

确""孩子不听话""社交软件上有个人一直发牢骚，很烦""已经很累了，家里又突然多出一摊事"，等等。任何事都可以，把你的真实想法写下来。

·第2步 写出每一类原因所占的比例。

这些导致烦躁的原因可以分成几类，各占多少比例呢？

比如，工作（30%）、家庭（40%）、健康（20%）、社交软件（10%）。不需要很精确，但量化一定会方便我们进行整理。

·第3步 制定具体对策。

接着，我们需要判断哪些问题是有解决办法的，哪些是没有解决办法的。对于有解决办法的问题，可以进一步想想如何应对。

·工作怎么也做不完→重新规划时间安排，并把工作切分成若干部分。

·孩子不听话→思考不听话的原因，接受孩子不可能完全按照父母的想法去做。

·朋友一直在社交软件上发牢骚→少看社交软件；设置成"不看他的留言"。

·已经很累了，家里又突然多出一摊事→偷懒；家人可能没有意识到发生了什么，直接叫他们来帮忙，或是告诉他们自己已经很累了；休息、养生。

怎么样，列出具体对策以后，是不是感觉心里不那么烦躁了？

负面情绪虽然不好处理，但我们仍可以尽自己所能主动做点什么，缓解生活的压力。

重点 先把心情烦躁的原因写下来，然后想想如何应对。

5.5

不安源于太多情况无法预测，
如果不严重，不要太上心

　　不安也是一种不好处理的情绪。大到"无法形容的对未来的不安"，小到"不确定有没有锁门的不安"，不同程度的不安所造成的心理负担也不相同。

　　首先对于那些小的不安，我们不必太上心。

　　太在意，就会被它"困住"。

　　比如，因为"不确定有没有锁门"而感到不安，于是返回去检查，想必很多人都有过这种经历吧。可是，如果每天都要因此跑回家好几趟，就属于强迫症的范畴了，视情况而定可能还需要接受治疗。

　　但如果只是"不确定有没有锁门，于是回去检查了一次"，是不需要太在意的。一旦认为"自己可能有点不正常"，说明已经太上心了。所以从一开始就要当它是"谁都会遇到的事"，然后不去想它。

不过，如果是"无法形容的对未来的不安"这种大的不安，恐怕就不是我们"说不想就可以不想"的了。

这里首先要明确一点，"会产生不安情绪，是因为有太多状况无法预测"。

比如，"要去新公司上班了，觉得不安"。这种不安具体指向什么呢？

·可能在性格上跟上司不合。

·可能做不出公司期待的成绩。

·可能受不了每天挤地铁。

有一点可以确定：这些状况都是"无法预测"的。因为不知道，所以会不安。

如果知道会发生什么，就能提前制定对策，实在不行还有"更换工作"这个选项。

说到底，不安是由未知产生的，消除不安的关键在于减少未知的比例。

因此，可以先把所有可能发生的问题都写下

来，然后冷静地去分析，再一一找出对策。

回到刚才的例子。

·可能在性格上跟上司不合→实际相处后才能知道，现在多想也没用。

·可能做不出公司期待的成绩→实际接手后才能知道，而且公司可能没有期待，暂时不用去想。

·可能受不了每天挤地铁→早点出门，避开高峰期。

像这样，经过一番分析并制定对策后，未知的部分减少了，不安也会有所减轻。

重点●● 消除未知的情况，不安也会减轻。

5.6

生气不是一件坏事，
但要注意表达方式

在很多人看来，生气是一件很不好的事。不喜欢看自己口无遮拦地和别人吵架，但也不喜欢一言不发地一个人生闷气。

我在值班后特别累的时候，偶尔也会发脾气。

虽然也想去控制，但是赶上累了、饿了的时候，就是怎么也控制不住。

不过，会产生"愤怒情绪"并不是一件坏事。

愤怒也被称为"心理的痛觉"。

打个比方，一个身体没有痛觉的人如果持续遭人殴打，身体是要被打坏的。

我们的心也是一样，缺少了愤怒这种"痛觉"，会让我们意识不到自己受的伤，久而久之心就会变得支离破碎。

愤怒可以保护我们，是一种不可或缺的情绪。

需要注意的是表达愤怒的方式。

气急败坏地对同事破口大骂，或是一怒之下打了孩子，这些方式是不可取的，会让人际关系、信赖关系产生裂痕。

"愤怒情绪"是不可或缺的，但如果直接把愤怒宣泄给另一个人，就会造成很多问题。

因此在宣泄情绪之前，我们需要努力让自己停下来。

关键在于，要分清楚什么是"愤怒情绪"，什么是"愤怒的表达"，不可以将两者混为一谈。

比如，部下没有完成你交代的工作。这时，如果你严厉地问一句："还没有做完吗？"借此把情绪带出来，是没问题的。

但如果在公开场合大吼："你怎么还没做完，干什么去了！"就有问题了，这样表达是不妥的。

遇到这种情况就需要"让自己停下来"。可以根据自身情况，学习几种"能让自己停下来的方法"，比如：

·意识到自己在生气，就数 6 个数。

·被愤怒冲昏头的话，就去喝水。

·找一些能劝慰自己的话，生气时默默对自己说，比如"放松，放松""算了，算了"。

·忍不住发怒就离开，等心情平静了再回来。

只要能让自己停止宣泄，任何方法都值得一试。

等情绪稳定一些了，能够理性看待自己的状态了，这时，可以好好想一想"到底是什么让自己感到如此愤怒"。

·感觉他应该做完了，结果满不是那么回事。

·不按期完成工作会有麻烦。

·手底下的人不干活，感觉威信扫地。

在这个过程中，我们会发现自己内心的感受是很复杂的。当我们对这些感受有了一定的分辨以后，就可以考虑"该如何表达"了。

比如，现在你可以心平气和地对部下说："我完全没有想到你没做完，现在马上开始的话，你觉得什么时候能完成？"或者，你可以这样提议："这份材料明天 12 点以前必须发给客户，你看能不能跟某某说一下，让他帮你一起做。"

既然无法阻止愤怒产生，那就想办法去接受它。好在，我们可以在愤怒出现时对自己喊停，整理好内心的感受，再考虑如何用恰当的形式将它表达出来。

不可以将"愤怒情绪"与"愤怒的表达"混为一谈，这点一定要明确。

重点•发怒时要设法让自己停下来。

5.7

让自己成为一个"遇事总会有办法"的人

　　同样是遇到了麻烦事，有的人会想"这下完了"，有的人则认为"总会有办法"。可以肯定，两者获得的"幸福感"是不同的。

　　比如有这样一种情况：早晨睡过了，上班已然迟到。

　　前者一路上闷闷不乐："上司不喜欢员工迟到，肯定会被臭骂一顿……找个什么理由好呢？不能说睡过了，就说列车晚点好了……可是这种借口上网一查就露馅了……"

　　而后者对自己说一句"算了，总有办法的"，就翻篇儿了。

　　这样看来，还是后者更容易感到幸福。也许你会想，如果在任何情况下都能用"总会有办法"的心态去面对就好了。

当我们觉得事情"总会有办法"时，心里就多了一份"从容"。

回到刚才的例子，闷闷不乐的人整个上午都在想："果然挨骂了，还是当着所有人的面，真丢人……"结果因为情绪低落，工作上出了不少错。而认为"总会有办法"的人想的是："得努力把迟到的部分补回来！"结果工作进展得非常迅速。后者没有掉在情绪里，正是因为心里有那一份从容。

那么，这种从容的心态是从何而来的呢？在心理学上，这和我们是否拥有"可理解感"和"可控制感"有关。

例如，在面对一门70分及格的考试时，有的人因为担心考不过，于是拿出了考满分的劲头拼命学习，在考前持续投入大量的时间，说是付出了不必要的努力也不为过。

相反，有的人则表现得很从容，并未过分努

力。这种做事能够抓住重点的人，就是拥有较强的"可理解感"和"可控制感"的人。

认为自己有能力把握眼下的状况，并预测出事情的走向，这种感觉就是"可理解感"。

因为能够把握眼下的状况，并对今后的事情做出预测，所以遇事时倾向于认为"总会有办法"。

在面对考试时，"可理解感"强的人因为对自身的能力和现状已经有了大致的理解，所以会想："自己这门课学得还可以，只要这样复习一下，应该就能考过。"

同时，这样的人在纵观全局后，会对今后有一个预期："肯定考不了满分，但是能考八九十分，及格没问题。"

"可控制感"类似于自信，是认为自己有能力把问题处理好的感觉。从某种程度上讲，**"可控制感"就是我们所说的"总会有办法"的心态。**

"可控制感"强的人，大脑很少被多余的想法和焦虑占据，所以在面对考试时，心里的感受不会是"怎么办！""不行，学得还不够！"，而是"既然之前的习题都会做，考试应该没问题"。

因为抱着"总会有办法"的心态，他们在考前很少焦虑，适当地学一学就考过了。

综上所述，"可理解感"和"可控制感"关系着我们在遇事时能否从容面对。这些感觉也许很难靠我们自己去提升，不过在我看来，哪怕只是了解到"有这样的感觉存在"，我们的人生就已经有了些许改变。

而且我会认为，如果你在此前的人生中已经有过许多"船到桥头自然直"的经验，这些经验同样可以帮助我们培养出"可理解感"和"可控制感"。

也许大家已经忘了，我们的人生原本就是跌跌撞撞走过来的。

以前是这样走过来的，眼前的困难也一定会有办法的。

所以，请好好回想一下迄今为止那些"船到桥头自然直"的经历。

当我们能从容面对更多压力时，生活也一定会变得比以前更加自如和顺畅。

重点 • 提升自己的"可理解感"和"可控制感"。

5.8

人生嘛，犯不上那么较真，
一百年后大家都会化成灰

"还是不行，又失败了……"

"每天有那么多事要做，却没有一个人肯帮我！"

"为什么倒霉的总是我……太难了，不想做了……"

我们每天都在和各式各样的情绪做斗争，沮丧、愤怒、孤独。每当情绪袭来，也许我们可以换一种角度看待眼前的问题。

首先，我们可以尝试使用"宏观的角度"。

"这次的确失败了，但之前九次都成功了，总的来说还不错。""我在这方面也许不太行，但除此以外我还有很多优点。"像这样，从狭窄的视角里跳出来，站在更高的地方，从宏观的角度去审视自己。这样一来，眼前的问题仿佛变小了，甚至让你觉得"就随他去吧"。

我们还可以尝试从"长远的角度"去看。

眼前的问题在"现在"看来也许是件大事，但当你在"十年后"回望它时，还会觉得它那么重要吗？换句话说，你觉得这件事有大到十年后仍然放不下吗？就拿我自己来说吧，现在回想起十年前上高中的时候，当时觉得大过天的事，如今已不再影响我，我甚至已经记不清当时对它的感觉了。眼前的问题过十年再看，肯定也是一样。

这个"放眼十年后"的方法还有另一个用途，就是想象一下"十年后你会希望现在的自己做些什么"。

我们总说"想回到过去"。回到过去，然后重新来过……

但如果从十年后回望，"现在"不就是那个"想回到的过去"吗？既然如此，让我们现在就去做那些"十年后悔恨当初没有做"的事吧。

"十年后想做的事"，换个角度就是"眼下应该优先去做的事"。

我们还可以把时间跨度进一步拉长，从一百年后回望现在。一百年过去了，当年活着的人、说话的人，都已经变成了灰。

我常说，随他去吧，没什么大不了的，能有多大事呢？人生嘛，犯不上那么较真。过个一百年，是个人都会化成灰。

这么一想，你还会在乎那些无所谓的事，顾及那些你不喜欢的人吗？按你自己的想法去活，做你想做的事吧。

为你自己而活就好。

为了不受他人摆布，不被他人压榨，请你反复说给自己听——

为你自己而活就好。

就算没有朋友圈可晒，就算不完美，你仍然在努力过好每一天。是时候给这个普通到不能再普通，甚至是俗不可耐的自己点个赞了。然后好好地犒劳他，取悦他，体谅他。

用不着跟谁客气，人生就是关于你自己的故事。

重点 • 过好自己的人生，其他的都没什么大不了。